山鹿素行

ポケット

Pocket-sized
Lessons of
Self-cultivation

修養訓

活学新書

Masaaki Kawaguchi
川口雅昭

致知出版社

まえがき

山鹿素行《やまがそこう》は戦後「消された思想家」である。それは、ＧＨＱの「焚書《ふんしょ》」政策もあり、多くの国民に、江戸前期における「武士道」の大成者と目され、「軍国主義の権化《ごんげ》」と見なされたことが、その主因と思われる。『広辞苑』の「武士道」の項に、「江戸時代に儒教とくに朱子学に裏づけられて確立、封建体制の精神的な柱となり、明治以降国民道徳の中心とされた。主君への絶対的な忠誠のほか、信義・尚武・名誉などを重んずる」とあること、また、現在、国立国会図書館の蔵書目録にある、『尊王攘夷山鹿素行先生』（大正十三年）、『山鹿素行先生伝―軍国精神―』（昭和九年）、『一愛国者の生涯―山鹿素行物語―』（昭和十八年）などの書名は、その思いを強くさせる。

しかし、これらは皆、あの時代の日本人がそのような書を渇望《かつぼう》したためであり、素行の責任ではない。昭和十六年の『吉田松陰と山鹿素行』（竹内尉《たけうちじょう》著、健文社）ではないが、素行も、その素行を生涯「先師《せんし》」と敬慕《けいぼ》した吉田松陰同様、時代に「利用」

された人物の一人というべきであろう。

私は山鹿素行研究のプロではない。山鹿流兵学者吉田松陰に学んできただけの者である。しかし、松陰研究において、「先師」素行研究は必須《ひっす》であり、その都度『山鹿素行全集』を繙《ひもと》いてきた。その中で出会ったのが、この「式目家訓《しきもくかくん》」である。

さて、「式目家訓」とは何か。『山鹿素行全集』の「解題並凡例」には、こうある。

　この書は跋文《ばつぶん》にある通り、慶安《けいあん》四年、素行三十歳の時、遠藤備前守《えんどうびぜんのかみ》の所望《しょもう》により書いたものである。この人は室町時代の歌人東常縁《かじんとうのつねより》の後裔《こうえい》で、当時は徳川譜代《ふだい》の大名、美濃国八幡《みののくにはちまん》城主二万四千石を領して居り、早くから素行の門に入つ《（っ）》たらしく、門人帳に名を列する人である。また素行の自筆年譜中、承応《しょうおう》二年即ちこの書を書いた翌々年の五月廿三日《にじゅうさん》の条に「遠藤備前守享《えんどうびぜんのかみきょう》スㇾ予《よ》ヲ」（川口註：正しくは、「遠藤備前守予を享す（酒食でもてなしてくださった）」）とあるから、門人中でも相当親しかつ《（っ）》たものであら《（ろ）》う。

内容は武士の格言百箇条《かくげんひゃっかじょう》（川口註：実際には、百一箇条ある）で、当時素行の抱いて居た武士道の綱領《こうりょう》である。故に後にできた武教小学《ぶきょうしょうがく》・武教本論《ぶきょうほんろん》は勿論《もちろん》、士道《しどう》士談《しだん》等その後の著作の先駆萌芽《せんくほうが》とみる事ができる。而《しこう》して素行の学説としては最初期の儒仏道三教（川口註：儒教・仏教・道教《どうきょう》の三つの教え）一致時代である。

ここから、「式目家訓」が江戸時代最初の「武士道」の大成書であることが分かる。

しかし、私が惹《ひ》きつけられたのは、その教えの「新しさ」にある。「真理はいつの時代も新しい」といわれる、その「新しさ」である。そこで、その中から現在という時代に有用と思われる七十項目を史料順に抽出し、解説を施して『山鹿素行修養訓』と銘打ったのが本書である（【一八】のみ編集の都合により変更）。

「武士道」とは何か、また、それを大成したとされる山鹿素行という人物は本当に「消され」るべき「思想家」だったのか。それを現在という時代を生きる人々に、自分の目で見て、自分の頭で考えてほしい。これが、私がこの「式目家訓」と出会って以来、竊《ひそ》かに抱いてきた思いである。

私は学生時代、「幕末という時代は、我が国にとって大変な時代だったんだなあと考え、同情すら覚えていた」ノンポリ学生だった。ところが、そんな私でも、現在の我が国を取り巻くアジア情勢に、「あれから四十余年、現在の我が国は幕末と将《まさ》に同じ状況にある。幕末には、まだ『武士』がいた。ところが、大東亜戦争敗戦後、七十余年の長きにわたり、将に『平和ボケ』の状態に置かれてきた現在の我が国はどうか」(本書【二〇】参照)という思いを強くしている。そして、この「式目家訓」に、混迷《こんめい》を極める現在及びこれからを生きる日本人に触れてほしいとの思いを抑えることができなくなった。なお、管見《かんけん》の及ぶ限り、この「式目家訓」が単行本として我が国で刊行されたことはない。それも、私の思いを更に抑えがたいものとした一因である。

そこで、意を決し、己の無知菲才《むちひさい》をも顧《かえり》みず、初めて致知出版社への「押し売り」を断行した。藤尾秀昭社長はすぐに拙稿《せっこう》に目を通してくださり、刊行を即諾《そくだく》してくださった。この度、この書をこのような形にせよ、刊行できたのは、ひとえに藤尾社長の英断による。衷心《ちゅうしん》より御礼申し上げる所以《ゆえん》である。

一人でも多くの方々が、素行の「式目家訓」に触れ、心ある「侍《さむらい》」となってくださることを祈念している。

活学新書　山鹿素行修養訓＊目次

装　幀――川上成夫
編集協力――柏木孝之

序《じょ》

邵康節《しょうこうせつ》云《い（わ）》はく、「上智《じょうち》（上智《じょうち》・上品《じょうひん》）の人《ひと》は教《おし（え）》へずして善《ぜん》なり、中品《ちゅうひん》の人《ひと》は教《おし（え）》へて後善《のちぜん》なり、下品《げひん》の人《ひと》は教《おし（う）》ふるも亦《また》善《ぜん》ならず」と、実《じつ》なるかな此《こ》の格言《かくげん》。今《いま》邵子《しょうし》の語《ご》に因《よ》りて条目《じょうもく》を挙《あ》げ、百箇《ひゃっこ》に到《いた》る。本《ほん》末《まつ》を正《ただ》し先後《せんご》を教《おし（う）》ふ。古人《こじん》云《い（わ）》はく、「先後《せんご》する所《ところ》を知《し》れば則《すなわ》ち道《みち》に近《ちか》し」と。仍《よ（っ）》つて序《じょ》す。

【訳】

序（原漢文）

邵康節がいった。「生まれながらに道理を知っている上等《じょうとう》な人は教えなくても善である。中等《ちゅうとう》な人は教えれば善となる。下等《かとう》な人は教えても善とならない」と、本当だなあ、この格言は。今、邵子の教えによって、項目を記し、百箇条《ひゃっかじょう》となった。根本と枝葉《しよう》を整え、順序を教える。昔の人がいっている。「物事の順序を理解すれば、すぐに道理に近づくであろう」と。これを以て序とする。

【一】心構え

一《ひとつ》、奉公《ほうこう》の道《みち》は、信実《しんじつ》に忠行《ちゅうこう》を勤《つと》むべき事《こと》

古語《こご》に曰《い(わ)》はく、君《きみ》に事《つか(う)》ふるに、能《よ》く其《そ》の身《み》を委《まか》す。又曰《またい(わ)》はく、臣《しん》の君《きみ》に事《つか(う)》ふるは忠《ちゅう》を以《もっ》てす。

一、奉公のあり方は、誠実にまごころを尽くすべきこと

古人がいっている。「主君にお仕えする際には、その全てを投げ出せ」と。また、いう。「家来が主君にお仕えするとはまごころを尽くすことである」と。

【解説】

素行が、社会のリーダーたる武士の心構えを説いた「武目家訓」。その第一条に「職務にまごころ尽くせ！　まごころを尽くすとは、心身共に全てを投げ出すことだ」と説いていることは、実に興味深い。思うに、素行自身が、当時の武士にそれが欠けていると感じていたということであろう。

翻《ひるがえ》って、現在の我が国のリーダー、「侍」たる企業戦士にこの教えは通用するだろうか。きっと受け取る側の人によるだろう。「そうだ！」と燃える人もあろうし、また、「バカをいうな、こんな薄給《はっきゅう》で」という人もあろう。この差はどこからくるのか。いうまでもない、人生に対する心構え、これである。

この世にあなたはたった一人しかいない。それが、たった一回きりの人生を生きているのである。ケセラセラで過ごしても人生、素行の教えのままに生きても人生である。決めるのはあなた自身である。

C・スウィンドルの「心構え」ではないが、「過去を変えることは出来」ない。変えられるのは、「あなた自身」である、あなたの「心構え」だけである。

【二】親孝行

一、《ひとつ》父母《ふぼ》に対《たい》し、専《もっぱ》ら孝行《こうこう》を尽《つく》すべき事《こと》

同曰《おなじくい(わ)》く、父母《ふぼ》に事《つか(え)》へて能《よ》く其《そ》の力《ちから》を竭《つく》す。又曰《またい(わ)》く、天《てん》下《か》に不是底《ふぜてい》の父母《ふぼ》なし。孟子の論に出づ　近思録《きんしろく》

一、父母に対しては、専ら孝行を尽くすべきであること

古人がいっている。「父母にお仕えする際には、ある限りの力を尽くす」と。また、いう。「この世に仕えるべきでない父母はいない」と。孟子の論に出ている　近思録《きんしろく》

【解説】

親孝行、この言葉を知らない日本人はなかろう。かくいう私も子供の頃からことあるごとに教えられ、今では耳に立派なたこも。

しかし、これを実行している人が全国民のうち、何パーセントいるであろうか。

昔、県内一の進学校の校長を務めていらっしゃった恩師から、こんな話を聞いたことがある。恩師は、「子供が我が校に合格するや否《いな》や、親御《おやご》さんは自慢の子供のサーバント状態となります。親は子供に上《あ》げ膳《ぜん》据《す》え膳《ぜん》。風邪でもひき、『ゴホンといえば龍角散』状態です。いつから我が国の親はこんなにだらしなくなったのでしょうか」といわれた。そして、続けて、「そんな子が有名大学にでも進学しようものなら、自分より学歴の低い親御さんのみならず、元担任までも小馬鹿にし、疎《うと》んじる輩《やから》が何と多いことか」とも嘆かれた。

こんな輩がのさばっているのも、我が国の実情である。私にこんなことを書く資格もないが。嗚乎《ああ》。今更、健さんでもないが、「何と詫《わ》びよかお袋《ふくろ》に」である。反省。猛省。

【三】子育てとは

一、《ひとつ》子孫《しそん》に於《おい》て教訓《きょうくん》せしむべき事《こと》

同云《おなじくい(わ)》く、父母《ふぼ》其《そ》の子《こ》を養《やしの》うて教《おし(え)》へざるは、是《こ》れ其《そ》の子《こ》を愛《あい》せざるなり。勧学古文《かんがくこぶん》

一、子孫を教訓するべきこと

古人がいっている。「子供を養育するだけで教え導かない父母は、子供を愛していない」と。勧学古文《かんがくこぶん》

【解説】

素行とほぼ同時代を生きた「近江聖人《おうみせいじん》」中江藤樹《なかえとうじゅ》の『翁問答《おきなもんどう》』に、「親《おや》の子《こ》を慈愛《じあい》するには、道芸《どうげい》を教《おし(え)》へて、子《こ》の才徳《さいとく》の成就《じょうじゅ》するを本《もと》とす。当座《とうざ》の苦労《くろう》をいたは《(わ)》りて、子《こ》の願《ねがい》のままに育《そだ》てぬるを姑息《こそく》の愛《あい》といふ《(う)》。（中略）姑息《こそく》の愛《あい》はさしあたりては慈愛《じあい》に似《に》たれども、その子《こ》気随《きずい》になりて才《さい》もなく徳《とく》もなく鳥獣《ちょうじゅう》に近《ちか》くなりぬれば、ひっきょうは子《こ》をにくみて悪《あ》しき道《みち》へひき入《い》るるに同《おな》じ〔親が子供をいつくしみ愛する際には、人としての道や学問を教えて、子供の才能や人徳を伸ばすということを根本とする。当面の苦労をねぎらって、子供の願いのままに育てることを、その場しのぎの愛という。（中略）その場しのぎの愛は、慈《いつく》しみ愛することに似てはいるが、そのようにして育てられた子供はわがままになり、才能もなく、人徳もなく、鳥や獣《けだもの》に近くなるので、つまるところは、子供を憎んで悪い道へ引っ張り入れるのと同じこととなる〕」とある。

依然、「姑息の愛」を愛情と誤解する親は多い。子供への真の愛情とは何か。時には素行、藤樹の教えに耳を傾けたい。

【四】夫婦のありよう

一《ひとつ》、夫婦《ふうふ》の道《みち》は、尤《もっと》も厳重《げんじゅう》為《た》るべき事《こと》

古語《こご》に云《い（わ）》はく、夫婦別《ふうふべつ》あり。孟子《もうし》

一、夫婦のあり方は、最も厳重であるべきこと

古人がいっている。「夫婦の関係は『礼』を基本とせよ」と。孟《もう》子《し》

【解説】

人は年頃になれば、惚《ほ》れた腫《は》れたで夫婦となる。しかし、所詮《しょせん》は全く違う家庭環境で育った男と女。共に後悔の日々はすぐに来る。男女を問わず、人間とは何故斯《か》くも業《ごう》の深い生き物なのであろうか。嗚乎《ああ》、ヘルプ！　神様、仏様、アラー様！

その夫婦、男女のありようを、素行は『武教小学《ぶきょうしょうがく》』に、次のように説いている。「男性は常に外にあり、女性は家にある。したがって、家のことは全て女性にかかる。しかし、女性の身体は柔らかくその心は柔順《じゅうじゅん》である。これは生まれながら自然に備わった性質であるが、これだけでは義を守り節操《せっそう》を守る女性、家の主婦となることは難しい。しかし、そんな柔弱《にゅうじゃく》な心は、果断《かだん》をもって制御《せいぎょ》することができるので、女性に果断なる精神を幼少時から教えろ」と。

女性の「心」を「柔順」と断じた素行の時代はよき時代だったというべきか。いやいや、現在の我が国が、十二分に「果断」な女性で溢《あふ》れ返っていることこそ喜ぶべきか。

日本男児たる各々方《おのおのがた》、お覚悟召されえ！

【五】兄弟・姉妹のありよう

一《ひとつ》、兄弟《けいてい》の間《かん》は、深切《しんせつ》為《た》るべき事《こと》

同《おなじく》云《い(わ)》はく、兄《けい》に宜《よろ》しく弟《てい》に宜《よろ》しくして、而《しこう》して後《のち》以《もっ》て国人《こくじん》を教《おし(う)》ふべし。詩《し》

一、兄弟の関係は、互いに思いやりをもつべきこと

古人がいっている。「兄にきちんと仕え、弟をきちんと導く。そしてはじめて民衆を教えるべきである」と。詩経《しきょう》

【解説】

兄弟仲が悪く、青史《せいし》に汚名《おめい》を残した例は少なくない中で、素行の教えを守り通した一例として私が感嘆《かんたん》已《や》まないのは、生涯を通じて素行を「先師《せんし》」と敬慕《けいぼ》した吉田松陰と兄杉梅太郎《すぎうめたろう》、また、妹千代《ちよ》との関係である。

松陰と梅太郎。その最たるものは、松陰が野山獄から放囚《ほうしゅう》された後、獄中での『孟子』講義が中断されたことを惜しみ、梅太郎が「弟子」の礼をとったことであろう。この時、父杉百合之助《すぎゆりのすけ》も「生徒」役となっている。親子ならまだしも、兄が弟にこのような礼をとった事例を、私は他に知らない。

また、「千代は苦労しながら、よく家のことを行《おこな》った。私は千代を尊敬している」という松陰。「兄松陰は常に私共妹を戒《いまし》めるにあたり、心が清らかであればよい、貧しいのにお金があるように振る舞うとか、破れているものをわざわざ完全であるかのように見せようとするのはよくない、女性たる者はこれをよく心得るようにといっておりました。私は今でも兄松陰の声が耳底《みみぞこ》に響いてくるかのように思われます」とは、松陰刑死五十年後の千代の回顧である。

【六】友達のありよう

一《ひとつ》、傍輩《ほうばい》の交《まじわ》りは、礼儀《れいぎ》を失《うしな(う)》ふべからざる事《こと》

同云《おなじくい(わ)》く、晏平仲《あんぺいちゅう》は善《よ》く人《ひと》と交《まじ(わ)》はる。久《ひさ》しくして之《こ》れを敬《けい》せり。論《ろん》　又曰《またい(わ)》く、「朋友《ほうゆう》と交《まじ(わ)》はりて信《しん》ならざるか」。論《ろん》

一、仲間同士の交際は、礼儀を失うべきでないこと

古人がいっている。「斉《せい》の晏嬰《あんえい》は誰とでもうまく付き合う。しばらくして、人々は晏嬰を尊敬した」と。論語《ろんご》　また、いう。「友達との交際において、信義に背《そむ》くことはなかったか」と。論語《ろんご》

【解説】

「親しき仲にも礼儀あり」という。これであろう。

友達というものは、実に不思議である。若い頃から誰とでもすぐに友達になった。ところが、歳を重ねるにつれ、気づけば消えていった友があり、目の前には新たな友がいる。意図的に排除したり近づいたりした訳ではない。あるがままであり、これが俺の天命と全て受け入れてきた。俺はよほどの愚か者か。

この歳になり、「朋友《ほうゆう》」こそ真の友達と知った。「朋友」とは『易経《えききょう》』にある言葉であり、「朋」は同門、「友」は同志を意味する。

「朋友」として出会い、四十五年もの間、人生を共に歩んできた友達二人。また、その一人の紹介でお会いし、以後、三十余年間、今に至るも、人生を教えていただいている「朋友」でもある先輩一人。それらの御縁で同志となった「九州軍」と称する「朋友」数名。

恩師同様、これらの「朋友」とは、三途《さんず》の川《かわ》を渡った後も、ずっと友達でありたいと念じている。これら「朋友」のお蔭で今があると、天に感謝している。

【七】部下へのありよう

一《ひとつ》、家僕《かぼく》に於《おい》ては、愛教《あいきょう》を加《くわ（う）》ふべき事《こと》

同云《おなじくい（わ）》はく、楽《たの》しき君子《くんし》は民《たみ》の父母《ふぼ》なり。毛詩《もうし》

一、しもべに対しては、愛し、教えるべきこと

古人がいっている。「心ある立派な人は民の父母である」と。毛詩《もうし》

【解説】

私は、他者からあれこれいわれるのが嫌《いや》なので、他者にもあれこれいったことはない。ただ、「俺はこう思う」と私見を述べるだけである。三人の愚息《ぐそく》に対してもそう接してきた。

それを知ってか、天は私を、「部下」の類をもつ立場に立たされたことはない。そんな天に感謝している。

しかし、我が国に有為《ゆうい》の青年たらんと燃える、担任した生徒やゼミの学生に対しては、厳しく「指導」してきた。さしたる学力のない私にできる「指導」は限られていたが、ただ、私は、彼らを時に「弟」と思い、また時に「仲間」と思って接したことだけは間違いない。

また、生来《しょうらい》ファニーな性格の私は、今も憧れの恩師友村通孝《ともむらみちたか》先生を慕《した》い、厳しいだけではない、「楽しき」担任たろうと心懸けてきたことも事実である。

厳しいだけで「部下」は付いてこない。時に厳しく、時に楽しく！　この案配《あんばい》が実に重要である。

【八】常在戦場《じょうざいせんじょう》！①

一《ひとつ》、兵法《へいほう》を以《もっ》て自《みずか》らの鑑《かがみ》となすべき事《こと》

同《おなじく》云《い(わ)》はく、兵《へい》は国《くに》の大事《だいじ》なり、生死《せいし》の地《ち》、存亡《そんぼう》の道《みち》、察《さっ》せざるべからざるなり。

一、兵学に学び、己の模範とするべきこと

古人がいっている。「軍事は国家の大事である。どこで生きどこで死ぬか、また、国家の存亡はどうあるべきか、しっかり考えない訳にはいかない」と。

【解説】

かつて、生涯を通して素行を「先師」と敬慕した、吉田松陰の生きる意義について論考したことがある。その中で、松陰にとっての生きる意義とは、義、または大義の積極的実践が全てであったことを知り、驚嘆《きょうたん》した。そして、正月から忘年会、否、大晦日《おおみそか》の夜まで、一年中享楽《きょうらく》にふける己の生活を反省した思い出がある。しかし、素行のいう「兵法」を「鑑」となせとは、生死観だけの問題ではなかろう。大切なのは、日々の生活そのものである。いわゆる基本的生活習慣の確保、維持である。

こんなことを口にしようものなら、世間の人々はすぐに「そんな味気ない」というのかもしれない。しかし、享楽に趨《はし》るだけの生活に、果たして人間としての真の喜びがあるか。

誰しもこの世に人として産み出されてきたのである。「常在戦場」の気持ちで、人生を少しでも意義あるものとする努力だけは続けたいものである。

【九】礼儀正しく！

一《ひとつ》、行儀作法《ぎょうぎさほう》は、厳正為《げんせいた》るべき事《こと》

論語《ろんご》に云《い（わ）》はく、容貌《ようぼう》を動《うご》かして、斯《ここ》に暴慢《ぼうまん》に遠《とお》ざかる。

一、行儀、作法は厳格で正しくあるべきこと
論語にいっている。「態度をつつしんで粗暴怠慢《そぼうたいまん》にならないことと」と。

【解説】

武士ならず、現在の我々にとっても、「行儀作法」は正しくあるべきである。これに欠ける人を見ると、その魅力は半減するし、幻滅もする。

素行の生きた時代は戦国時代の風潮が色濃く残っており、史料を繙《ひもと》けば、些細《ささい》なことによる武士同士の私闘《しとう》も少なくなかったようである。

この基底にあるのは、武士の矜恃《きょうじ》などではない。「俺が、オレガ」という傲慢《ごうまん》さであろう。若い時分の私もそうだった。ところが、これまた不思議なもので、天の与える経験を積むうちに、気づけば、私のような者でも随分と丸くなったものだと感じる。

学生の頃、恩師が「横着《おうちゃく》さも青年の特権です。矯正《きょうせい》など余り気にすることはありません。そんなことをすれば、人間までも小さくなります。今のままでいいのですぞ」と、微笑《ほほえ》みながら話してくださったことも、今となれば懐かしい思い出である。あの時には、よく分からなかったが、まさしくその通りであった。

誠実に、謙虚に。そんな人にこそ天は必ず微笑んでくれる。私の信念である。

【一〇】法令は簡潔に！

一《ひとつ》、国家《こっか》の式訓《しきくん》は、明白為《めいはくた》るべき事《こと》

同云《おなじくい》はく《(わ)》、教《おし》へ《(え)》ざるの民《たみ》を用《もち》ひ《(い)》て戦《たたか》ふ《(う)》は、之《こ》れを棄《す》つると謂《い》ふ《(う)》。論《ろん》

一、国家の法律・教育は、簡単で分かりやすくあるべきこと

古人がいっている。「教えない民を用いて戦うことは、彼らを遺《い》棄《き》することである、という」と。論語《ろんご》

【解説】

我が国の現行憲法以下法令が、他国に比して大部《たいぶ》なものか否かは知らない。ただ、高校、大学の世界で生きてきた私には、その校訓の類、また、「校則」「学則」なるものの雑多さには、辟易《へきえき》してきた思い出がある。

校訓に関し、大学の講義で感動した話がある。それは、札幌農学校初代教頭W・S・クラークの定めた校訓である。曰く。「Be, Gentleman!」。これに脱帽した。

一方、素行の説く人民教育の重要性は、何も戦闘のためばかりではない。これは『孟子』と、素行を「先師」と敬慕した吉田松陰に学んだ。安政《あんせい》二（一八五五）年十二月、松陰は、人民教育は「政治の要点」と述べ、「古くからの弊害や、積もった悪習を一新しようと願う」なら、「（人民を）先ず教えよ。教え方はまごころを込めて、叮嚀《ていねい》にするのが大切である」と講義している。この積み重ねが、現在の我が国の民度の高さか。

素行の「武士道訓」、単なる武士個人への教えでないこと、また、松陰が生涯素行に私淑《ししゅく》した意味が分かる。現在の「エリート」にこの精神が不足している。

【二】弱者ファースト！

一《ひとつ》、農工商《のうこうしょう》は、疲労《ひろう》せしめざる様《よう》仕《つかまつ》るべき事《こと》
苛政《かせい》は親《した》しまず、煩苦《はんく》は恩《おん》を傷《きず》つく。

一、農民、町人は、疲れさせないようにするべきこと
民は苛酷《かこく》な政治には親しまない。煩《わずら》わし、苦しめれば君主の御恩に傷がつく。

【解説】

「○○ファースト」とは、「ケ知事」辞任後の後継知事さんが、かつて馴染《なじ》まれたTVカメラに向けて事あるごとに口にされている流行語である。

こんな当世流行政治家に対して、『孟子《もうし》』尽心上《じんしんじょう》は、次のように説いている。曰く、「逸道《いつどう》を以《もっ》て民《たみ》を使《つか》えば、労《ろう》すと雖《いえど》も怨《うら》みず（人民の生活を安楽にしたいという気持ちから人民を使うならば、（人民は）いくら苦労しても決して怨みはしない）」と。また曰く、「覇者《はじゃ》の民《たみ》は驩虞如《かんぐじょ》たり。王者《おうじゃ》の民《たみ》は皡皡如《こうこうじょ》たり（陰謀などで国を治める者は（人気取りに）わざと目立つ政治をするので、人民はその恩恵に感じて嬉しがる。王道で天下を治める者は、その徳が自然で決して小細工《こざいく》をしないので、人民はその恩恵には気づかない。しかし、（気づかない恩恵のお蔭で）のびのびと満足している）」と。

波の彼方《かなた》に目をやれば、よく似た方がボスの座に。共通する本音は、「『私』ファースト」か。かつての歌の台詞《せりふ》「右も左も」でもないが、東も西も、「真《ま》っ暗闇《くらやみ》じゃあござんせんか」とつい嘆きたくもなる。『孟子』に学べ。

【一二】家宅のありよう

一《ひとつ》、家宅《かたく》は、無益《むえき》の華麗《かれい》を用《もち》ふ《(う)》べからざる事《こと》

古語《こご》に云《い》は《(わ)》く、宮室《きゅうしつ》を卑《ひく》くして、力《ちから》を溝洫《こうきょく》に尽《つく》す。論語《ろんご》　又《また》曰《い》は《(わ)》く、居《きょ》は安《やす》きを求《もと》むることなし。論《ろん》

一、住居は、無益に飾り立てないこと

古人がいっている。「(禹《う》は) 宮殿を粗末なものとして、田んぼの間の水路に心力を尽くし、民に洪水や日照りの心配がないようにした」と。論語《ろんご》　また、いう。「(心ある人は) 安楽な住居を求めることはない」と。論語《ろんご》

【解説】

若い頃、尊敬する恩師の「日本男児たる者、家を建てるために生まれてきたのではありませんぞ」という言葉に感動し、それをずっと忠実に守り続けてきた。定年一年前となり、育った実家は二十年近く前、母が一人で住むための家に建て替えたことに気付き、定年後に住む家がないことに愕然《がくぜん》とした。嗚乎。

格安の家屋を探し回り、何とかちっちゃな建売《たてうり》を。途端《とたん》に愚息から、「高すぎる。あんた、後、何年生きるつもり」とのお叱りが。「じゃかましい！　お前にいわれる筋合いはない」との思いをぐっと抑え、「大西郷《だいさいごう》の『児孫《じそん》の為《ため》に美田《びでん》を買《か》はず《(わ)》』の精神だ！　お金は使い切って死ぬ」と返すのがやっと。さあ、どうするか。

さて、海外に目を向ければ、現在にも素行の教えのままに生きる「侍」はいた。「世界で最も貧しい大統領」とよばれ、ウルグアイ第四十代大統領を務められたホセ・ムヒカさんである。聞けば、報酬《ほうしゅう》の大部分を慈善事業に寄付されていたという。その名辞《めいじ》がまた素晴らしい。曰く、「金持ちは政治家になってはいけない」と。我が国の政治家と称する人々に是非学んでほしい真の「侍」である。

【一三】服装のありよう

一《ひとつ》、衣服《いふく》は、珍希《ちんき》を成《な》すべからざる事《こと》

同云《おなじくい》はく、士《し》、道《みち》に志《こころざ》して、悪衣悪食《あくいあくじき》を恥《は》づ（ず）る者《もの》は、未《いま》だ与《とも》に議《はか》るに足《た》らざるなり。論《ろん》

一、衣服は、珍しく、異様としないこと

古人がいっている。「侍たる者で、道義に志して、自分のボロ服や粗食を恥じる者は、その心が卑《いや》しくて、共に道を論ずるには足りないものである」と。論語《ろんご》

【解説】

素行の教えの前段は、「旗本奴《はたもとやっこ》」なるかぶき者を意識したものであろう。現在も全く然《しか》り。これに付加すべき言はない。

後段の『論語《ろんご》』里仁篇《りじんへん》九で思い浮かぶのは、孔門十哲《こうもんじゅってつ》の一人顔回《がんかい》である。同雍也《ようや》篇《へん》九にこうある。「子曰《しいわ》く。賢《けん》なるかな回《かい》や。一簞《いったん》の食《し》、一瓢《いっぴょう》の飲《いん》、陋巷《ろうこう》に在《あ》り。人《ひと》は其《そ》の憂ひ《うれ(い)》に堪へ《た(え)》ず。回《かい》や其《そ》の楽《たの》しみを改《あらた》めず。賢《けん》なるかな回《かい》や（孔子がいわれた。回は誠に賢い男じゃ。回の食うものは竹の器一杯だけであり、飲むものは瓢《ひさご》一杯だけである。また、住処《すみか》は狭い路地《ろじ》の小屋である。（こんな生活をしていれば）他の人間は貧の憂いに堪えられないだろう。しかし、回は心が安泰《あんたい》で、少しもその胸中の楽しみを変えることがない。（回が修養を積んでいることは、到底《とうてい》他の人間の及ぶところではない。）回は誠に賢い男じゃ）」と。

孔子は、素行の引いた里仁篇で、道に志すものが外観を重んじることを戒め、また、雍也篇では、貧しくとも顔回がその楽しみを変えないことを称賛している。今の我々は下を向かざるを得ない。反省。否、修正。

【一四】食事のありよう

一《ひとつ》、嘉肴美味《かこうびみ》は、平日嗜《へいじつたしな》むべからざる事《こと》

同云《おなじくい(わ)》はく、飲食《いんしょく》を菲《うす》くして、孝《こう》を鬼神《きじん》に致《いた》す。論《ろん》　又曰《またい(わ)》はく、八珍《はっちん》を前《まえ》に羅《つら》ぬるも、食《くら(う)》ふ所《ところ》は口《くち》に適《てき》するに過《す》ぎず。文《ぶん》章軌範《しょうきはん》＊

一、おいしい料理は、日頃から好み親しむべきでないこと

古人がいっている。「(禹《う》は)飲食を質素にし、祭祀《さいし》の時の供物《くもつ》を豊富、清潔にして孝心を宗廟《そうびょう》の鬼神にささげた」と。論語《ろんご》　また、いう。「八種の珍味をいくら目前に並べても、食べるところはわずかに口に合うものに限られる」と。文章軌範《ぶんしょうきはん》

＊正しくは『十八史略《じゅうはっしりゃく》』か。

【解説】

古代ギリシアの哲学者ソクラテスは、「生きるために食べるべきで、食べるために生きてはならぬ」と説いている。ソクラテスと素行、洋の東西を問わず、真理は一つというべきか。にもかかわらず、我が国は、今も昔も「グルメブーム」真《ま》っ只中《ただなか》。精神が狂っている証拠である。

明治生まれで、代官の娘という強い誇りを胸に生きた祖母から叩き込まれたのは、「食事中はしゃべらず、正座で!」。また、長い戦地生活を体験した親父《おやじ》からは、「お母ちゃんの作ってくれた飯に美味《うま》い不味《まず》いなどいうな」と教えられた。「三つ子の魂百まで」とはよくいったもので、今もこれだけは骨身に染《し》み込んでいる。

しかし夕食時、一杯入った親父からは、鮭缶《さけかん》などをよく買いに走らされたものである。親父はそれを七輪《しちりん》の炭で器用に加熱し、「お前もつまめ」と、赤ら顔で、よく戦地の話をしてくれた。話の内容はともかく、あれは旨《うま》かったなあ。「母ちゃん、ごめん」。昭和三十年代、我が家のささやかな夕餉《ゆうげ》の思い出である。

【一五】異性へのありよう

一《ひとつ》、好色禁《こうしょくきん》ずべきの事《こと》

古語《こご》に云《い(わ)》はく、賢《けん》を賢《けん》として色《いろ》に易《か(う)》ふ。論《ろん》　又《また》云《い(わ)》はく、宴安《えんあん》は鴆毒《ちんどく》なり。左伝《さでん》

一、異性好みは禁ずべきこと

古人がいっている。「美人を好むのと同じように、賢人は賢人として敬うようにする」と。論語《ろんご》　また、いう。「いたずらに遊び楽しむことは、猛毒である（最後には身を滅ぼす）」と。春秋《しゅんじゅう》左伝《さでん》

【解説】

私など、還暦も過ぎたこの歳となっても、街に出て美人を見ると即、心波立つ。将《まさ》に、江戸の文人大田南畝《おおたなんぽ》の「世の中は色と酒とが敵《かたき》なりどふ《（う）》ぞ敵にめぐりあいたい」なる狂歌《きょうか》に心ときめく人生を送ってきたツケか。しかし、我々男性にとって、いくつになっても美しい女性は憧れの存在ではある。

それもあってか、高校時代に恩師から一貫して教えられたのは、「女は敵である！」、これであった。これに続けて恩師は「君らはこれから受験戦争という戦地に立つのである。雄々《おお》しき戦士となれ！　死ぬか生きるかという世界に、惚《ほ》れた腫《は》れたは無用。有害でしかない。一瞬でも気を抜けば、死ぬぞ！」と。

受験勉強ならず、これは人生における一つの真理ではあった。先生に感謝。

しかし、この歳で思えば、若い人はまだいい。青年の矜恃《きょうじ》がある。問題はこれからか。老人となり、人間としてなりふり構わぬ欲望が出ることの方が恐い。

人間というものが少し分かり始めたということか。人間というもの、実に恐い存在ではある。嗚乎、何ともやりきれない。

【一六】酒のありよう

一《ひとつ》、大酒《たいしゅ》の興禁断《きょうきんだん》すべき事《こと》

同云《おなじくい（わ）》く、酒《さけ》を楽《たの》しんで厭《あ》くことなき、之《こ》れを亡《ぼう》と謂《い（う）》ふ。

孟《もう》　又云《またい（わ）》く、外荒《がいこう》は人心《じんしん》を蕩《とろか》す。五子之歌註《ごししかちゅう》

一、大酒なる戯《たわむ》れは禁制とすべきこと

古人がいっている。「昼夜を問わず、酒に溺れて、とめどのないことを亡という」と。孟子《もうし》　また、いう。「行動の荒廃は心をもダメにする」と。五子之歌註《ごししかちゅう》

【解説】

素行の教えに誰しも反論の余地はなかろう。しかし、遠い不確かな記憶で恐縮だが、若い頃に恩師からお聞きし、今でも覚えているこんな話がある。確か、東京電力の平《ひら》岩外四《いわがいし》さんの入社式における訓示だったと記憶している。

曰く、「若い頃は、一、酒の席で失敗せよ。二、異性で失敗せよ。三、体を壊して入院せよ。四、悪事に手を染め、入獄せよ。こんな経験もない人間に大きな仕事はできない」と。これには本当に感激・感動した。

この反対を是とするのが役人、教師等の公務員の世界か。毎春、転出される方が口にされた「大過なく過ごさせていただきました」との一節。嗚乎。私などこれを耳にする度、「失敗のないことに、何の意義があるか。だから公務員なる世界に人物は育たないのか」とがっかりしたものである。やはり若い頃、就職に県立高校教師を選んだのは私のミスチョイスだったか。これまた反省。

その点、何でもありの大学は性《しょう》に合っている。といっても、この歳になってもなお鋭意《えいい》努力中ではあるが。「存在が犯罪」とは俺のことか。

【一七】ギャンブルのありよう

一《ひとつ》、博奕《ばくち》諸勝負《しょしょうぶ》禁止《きんし》の事《こと》

同《おなじく》云《い(わ)》く、賭博《とばく》門中《もんちゅう》去《さ》りて親《しん》無《な》く、能《よ》く英雄《えいゆう》をして下賤《げせん》と為《な》らしむ。*一 勧学詩《かんがくし》*二

一、博打、諸勝負事は禁止のこと

古人がいっている。「（龐徳公《ほうとくこう》が子供を誡《いまし》める詩にいう。大体、人間というものは、色々な芸事《げいごと》を身に付けることを好む。しかし、）賭博仲間だけは避けて、親しむな。（賭博は）英雄であっても、つまらない者にしてしまう」と。勧学詩《かんがくし》

*一　この部分は、素行が参考にしたと思われる『明心宝鑑《めいしんほうかん》』では、「賭博門中莫去親、能使英雄為下賤」とある。これを『山鹿素行

全集』の編者は「賭《と》博《ばく》門《もん》中《ちゅう》去《さ》りて親《しん》無《な》く」と読み下している。しかし、この訓じ方はなじまない。「賭博門中去りて親《した》しむこと莫《なか》れ」と訓ずるのが妥当であろう。なお、この前には、「龐徳公《ほうとくこう》、子《こ》に誡《いま》しむる詩《し》に云《い（う）》ふ、凡《およ》そ人百芸《ひゃくげい》身《み》に随《したが（え）》へんことを好《この》めども」とある。念のため。

＊二　正しくは「訓子篇《くんしへん》」か。

【解説】

パチンコ・将棋・囲碁からトランプの類に至るまで、博打《ばくち》・賭け事の世界にだけは、今に至るも全く関心がない。これは遺伝かと父や先祖に感謝している。私の趣味と呼べるのは、小学生時代からのソフトボール、そして野球だけだった。今はといえば、研究か。

そういえば学生時代、野球部の同級生に、「さすらいのギャンブラー」と呼ばれる奴がいた。九州は折尾《おりお》の生まれ、出身高校は、健さんの後輩というのが自慢の奴だった。パチンコでも麻雀でも入店を断られるほどの強さと聞いたことがある。しかし、それを羨ましいと思ったことはない。感じたのは嫌悪感だけだった。ところが、三年生になった頃であったか。彼は部を辞め、やがて大学からも姿を消した。

人それぞれ、趣味はあっていい。しかし、本務に支障を来すような趣味だけはもつべきではないと思ってきた。思えば、私は何ともおもしろみのない男だったことか。今は、人生もそれぞれ、色々あるからおもしろいと思っている。

【一八】学問と師匠

一《ひとつ》、武芸《ぶげい》は、専《もっぱ》ら相嗜《あいたしな》み、其《そ》の軽重《けいちょう》を分《わか》ち、其《そ》の師《し》を撰《えら》び、之《こ》れを稽古《けいこ》せしめ、須臾《しゅゆ》も懈怠《けたい》すべからざる事《こと》

同云《おなじくい》はく（わ）、学《がく》に重軽《ちょうけい》あり。又云《またい》はく（わ）、学《まな》んで時《とき》に習《なら》ふ（う）。学《がく》を務《つと》むるは、務《つと》めて師《し》を求《もと》むるに如《し》かず。師《し》は人《ひと》の模範《もはん》なり。

一、武芸は専ら熱心に修行し、重要か否かを区別し、それぞれの先生を選んで、稽古させ、僅かな間でも怠ることのないようにすべきこと古人がいっている。「学問に重要なこととそうでないことがある」と。また、いう。「(先生に従って)聖賢の道を学び、絶えず復習して熟達《じゅくたつ》するようにする。学問をするには、努力してよき先生を求めるのが最善である。先生は人の模範である」と。

【解説】

素行の説く学問に関し、安政《あんせい》三(一八五六)年、吉田松陰《よしだしょういん》は、「学《がく》は、人《ひと》たる所以《ゆえん》を学《まな》ぶなり(学問とは、人が人である、そのいわれを学ぶものである)」と、その目的を明白に断じている。これ以上の真理はなかろう。

「教育」なる漢語に近い和語は「愛《を(お)》しむ」＝教えるか。しかし、私が見たところ、江戸時代までの「教育」の中核にあったのは「学ぶ」という自覚であり、「教える」という発想は希薄だったのではないか。その自覚は明治以降であろう。

師匠、つまり教師の存在意義に関し、すでに平安後期、藤原基俊《ふじわらのもととし》は「一切《いっさい》の芸《げい》は、よき師匠《ししょう》に会《あ》ひ《(い)》て、学《まな》ぶに空《むな》しからずといへ《(え)》り(全ての芸事は、よい師匠について学べば無駄というものはない、ということ)」と記し、また、室町初期の世阿弥《ぜあみ》は、学ぶ者の「天性の素質」・「一筋に専心する情熱」に続け、「道《みち》を教《おし（う）》ふべき師《し》（道を教えるに足《た》る、よき師）」の存在をあげている。素行の到達し得た学問の境地には感嘆の他ない。独学で学問は進まない。

【一九】遊びのありよう

一《ひとつ》、乱舞遊興《らんぶゆうきょう》は節《せつ》に応《おう》ずべき事《こと》

同《おなじく》云《い(わ)》く、先王《せんのう》は、流連《りゅうれん》の楽《たのしみ》、荒亡《こうぼう》の行《おこない》なし。孟子《もうし》

一、遊びは祝日などに応じて行うべきこと

古人がいっている。「昔の王様は、船遊びや行楽、獣狩《けものが》りにふけり、酒を飲んでばかりということはなかった」と。孟子《もうし》

【解説】

遊びの定義の一つに「なぐさみ」があるならば、今の私にとってそれは研究である。学生時代は研究の何たるかも理解できず、ただ単位をそろえ、論文を提出しただけであった。二十七歳で高校教師となってからの数年は、部活動指導に熱中した。ところが、三十歳も過ぎた頃か、突然「勉強したい」という思いが爆発した。初めての経験だった。そんな時、維新関係の懸賞論文に応募し、入選した。

ふるさとの先哲吉田松陰研究に火が付いたのは、それからである。書いた論文を手に、恐る恐る恩師を五年振りにお訪ねした。初めて褒《ほ》めていただいた思い出の論文である。その後、平成九年に帰幽されるまで、恩師はずっと辛抱《しんぼう》強く指導してくださった。学会が近づくと、日曜日ごとに御指導をいただきに上がったあの日々が何と楽しかったことか。路傍《ろぼう》の荒草《あらくさ》まで輝いて見えた。

今年の初夢は恩師だった。来世も、こんな「遊び」の世界を教えてくださった恩師の弟子になりたい。これが私の唯一の願いである。

【二〇】常在戦場《じょうざいせんじょう》！②

一《ひとつ》、軍役積《ぐんやくつも》り、兼《かね》て定《さだ》め置《お》くべきの事《こと》

古語《こご》に云《い(わ)》はく、天下平《てんかたいら》かなりと雖《いえど》も、戦《いくさ》を忘《わす》るるときは必《かなら》ず危《あやう》し。

一、軍事的な役務などはあらかじめ定めておくべきこと

古人がいっている。「たとえ、今平和であったとしても、戦争のことを忘れてしまったら、国家を危険にさらすことになる」と。

【解説】

学生の頃、幕末という時代は、我が国にとって大変な時代だったんだなあと考え、同情すら覚えていた。

あれから四十余年、現在の我が国は幕末と将《まさ》に同じ状況にある。幕末には、まだ「武士」がいた。ところが、大東亜戦争敗戦後、七十余年の長きにわたり、将に「平和ボケ」の状態に置かれてきた現在の我が国はどうか。

外に目を向ければ、建国からして嘘《うそ》だらけ、今以て嘘しかいわない共産漢族。若い親分の不健康故か、「白米と肉」さえ国民に満足に供給できない北の共産朝鮮族。すでに亡国直前の、南のフラフラ朝鮮族らの諸国。一方、海の彼方には、「America first」などと声高《こわだか》に時代錯誤の主張を続ける高齢者ボスも。

一方、内に目を転じれば、国籍をさえ明確にしない「ノラリクラリオンガール」率いる右往左往野党が。すでに、与党の支持率向上だけがその存在意義か。

今、天から問われているのは、我々日本人の覚悟である。日本という我々の祖国を守る覚悟である。現在の「侍」よ、いざ出でよ！

【三二】本務ファースト

一《ひとつ》、当用《とうよう》の外《ほか》、無益《むえき》の器物《きぶつ》を弄《もてあそ》ぶべからざる事《こと》

古語《こご》に云《い(わ)》はく、物《もの》を玩《もてあそ》べば志《こころざし》を喪《うしな(う)》ふ。書旅獒《しょりょごう》　玩好《がんこう》の器《うつわ》は宝《たから》とせず。

一、当面必要なもののほか、無駄な器具を愛好すべきでないこと

古人がいっている。「物に執着しすぎると、(人間にとって最も大切な)志を見失ってしまう」と。書経旅獒《しょきょうりょごう》　慰《なぐさ》み愛好する道具は宝にはしない。

【解説】

素行が説くのは、「本務に専念せよ」との教えか。

数年前の日曜日、出張帰りの電車で、こんな「風景」に出会った。

全員、ドラゴンズのユニフォームに身を包んだ御両親とかわいいお嬢さん二人の四人家族であった。缶ビールを片手に、お父様はその日の試合を解説される。うなずく奥様。お嬢さん二人も真剣な顔で聞いている。実に幸せそうである。どうも、その日は中日の負けだったようである。ところが、下車駅が近づいた時、お父様が突然のように、「ああ、明日からまた仕事か。嫌になるなあ。まあ、来週も応援に行けるからええか」と一言。それを耳にした途端、つい吹き出しそうになったが、すぐに「本末《ほんまつ》転倒《てんとう》である。この人、何のために生きているんだろう。こんな人に育てられるお嬢さんたちは将来どんな人間になっていくのだろうか」と思い、愕然《がくぜん》とした。

仕事で銭を貰っている人は誰しもプロであるべきである。確かに遊びも必要かもしれない。しかし、遊びは人生の目的ではない。今も時にあの家族を思い出す。

【三二】人を試《こころ》むる作法

一《ひとつ》、諸奉行役人《しょぶぎょうやくにん》は、其《そ》の器量《きりょう》に応《おう》じ、申《もう》し付《つ》くべき事《こと》

同云《おなじくい》はく（わ）、官《かん》の為《ため》に人《ひと》を撰《えら》ぶ者《もの》は治《おさ》まり、人《ひと》の為《ため》に官《かん》を撰《えら》ぶ者《もの》は乱《みだ》る。人《ひと》に私《わたくし》するに官《かん》を以《もっ》てする者《もの》は危《あやう》し。

一、諸奉行職や役人はその能力に応じて、任命すること

古人がいっている。「官職のために人を選び、任命する時は、国は治まり、人のために官職を選ぶ時は、国は乱れる。人に利益を与えるに役職をもってする場合は、国は危ない」と。

【解説】

素行は『武教全書《ぶきょうぜんしょ》』「用士《ようし》（士《し》を用《もち》ふ《（う）》）」の前段に、「人《ひと》を能《よ》く知《し》るを用《よう》の本《もと》とす」と述べ、具体的な人物鑑定法を記している。これを更に、詳細・平易に展開したのが、吉田松陰《よしだしょういん》の御前講義録「武教全書講章《ぶきょうぜんしょこうしょう》」である。要点は「視《し》・観《かん》・察《さつ》（言葉を聞いて才覚を考える・才覚をみる・本とするところを測る）」か。

幕末維新の英雄西郷隆盛の『大西郷遺訓《だいさいごういくん》』に、「政府にあって国政を執《と》るということとは、天地自然の道を行なうことであるから、たとえわずかであっても私心をさしはさんではならない。だからどんなことがあっても心を公平に堅くもち、正しい道を踏み、広く賢明な人を選んで、その職務に忠実にたえることのできる人に政権を執らせることこそ、天意、すなわち神の心にかなうものである。だからほんとうに賢明で適任だと認める人がいたら、すぐにでも自分の職をゆずるくらいでなくてはいけない。従ってどんなに国に功績があっても、その職務に不適任な人に官職を与えてほめるのはよくないことの第一である」との教えがある。これが、トップのあるべき姿であろう。

【二三】私欲を去る

一《ひとつ》、諸奉行《しょぶぎょう》は、私欲毛頭《しよくもうとう》有《あ》るべからざる事《こと》

老子《ろうし》云《い(わ)》く、欲《ほっ》すべきを見《しめ》さざれば、心《こころ》をして乱《みだ》れざらしむ。

一、諸奉行は私欲は毛頭あってはならないこと

老子がいっている。「(民が)欲しがるようなものを見せなければ、民の心を乱さないようにすることができる」と。

【解説】

「私欲」とは、自分だけが利益を得ようとする心。いつの世も変わらぬ、人間の悲しき性《さが》である。

　素行の引く『老子《ろうし》』の教えに、高校時代の恩師の言葉を思い出す。私も無関心の振りをしていたが、あの頃我々が最も関心があったのは、遥《はる》か彼方《かなた》の女子の存在であった。そんな腕白《わんぱく》坊主らの熱情を察せられてか、ある日先生がこうおっしゃった。「諸君、今日からメッチェンと行き会う時には、必ず、その反対側に目を向けて直進せよ」。その雰囲気から、「メッチェン」は女子と理解し、先生の言のまま、実行し続けた。後に大学でドイツ語を学び、「Mädchen《メートヒエン》（少女）」と知った。それで何度溝に落ち、壁に当たったことか。そんな私に、大学時代の恩師は、「君は極めて儒学的だね。よほどそんな素養の家庭で育ったのか」と聞かれる始末。嗚乎、大きな勘違い。しかし、何とも真面目《まじめ》だったものではある。

　その後は、何度となく破ったこの教え。ただ、今以て私の心の奥底に眠るバリケードの一つではある。先生、すみません。

【二四】贔屓《ひいき》

一《ひとつ》、諸奉行役人《しょぶぎょうやくにん》は、贔負偏頗《ひいきへんぱ》の沙汰《さた》仕《つかまつ》るべからざる事《こと》

古語《こご》に云《い(わ)》はく、好《この》みて其《そ》の悪《あく》を知《し》り、悪《にく》みて其《そ》の美《び》を知《し》る。

論《ろん》*

一、諸奉行職にある者や役人はえこひいきをすべきでないこと

古人がいっている。「(日頃)好きな相手でも悪い部分を知り、嫌いな相手でもその美点を知る」と。論語《ろんご》

*正しくは『大学《だいがく》』か。

【解説】

何も江戸の話ではない。今以て、我が国のあらゆる組織にはびこる、悪習であろう。

これに関し、嘉永《かえい》二（一八四九）年、二十歳の松陰にこんな講義ノートが残っている。曰く。「（トップに）視《し》・観《かん》・察《さつ》（言葉を聞いて才覚を考える・才覚をみる・本とするところを測る）の心得もなく、或は資格にとらわれ、或は家柄で人を取り立て、賢明な人を下《した》っ端《ぱ》とする。大臣・丞相《じょうしょう》などの高官もこれをまねて、自分と気が合う者、媚《こ》び諛《へつら》う者だけを昇進させる。甚だしい場合には、賄賂《わいろ》で官職を授けるというようになり、遂には、上の威厳は下に通用せず、法律なども崩壊し、家柄も失う。邪心に満ちた家来は権威を独占し、人民は社会の底辺で愁《うれ》い、悲しむようになる。その弊害は大変大きいものである」と。

こんな上司の周《まわ》りには、必ず「ヒラメ」が群集する。目も上を見る機能しか備わっていない輩《やから》のことである。あなたの周りにも生息していないか、組織の「シロアリ」君。この連中を「同じ穴の狢《むじな》」という。組織崩壊の兆候《ちょうこう》である。

【二五】賄賂

一《ひとつ》、賄賂《わいろ》に就《つ》き、役義《やくぎ》を欠《か》くの輩《やから》は、不忠為《ふちゅうた》るべき事《こと》

同云《おなじくい（わ）》く、官《かん》に当《あた》るの法三事《ほうさんじ》あり。曰《い（わ）》く清《せい》、曰《い（わ）》く慎《しん》、曰《い（わ）》く勤《きん》、此《こ》の三者《さんしゃ》を知《し》るときは、身《み》を持《じ》する所以《ゆえん》を知《し》る。

従政名言《じゅうせいめいげん》

一、賄賂（をもらうこと）に奔走《ほんそう》し、役目に支障をきたす者は、不忠者であること

古人がいっている。「官職にある人間が守るべきことが三つある。清廉《せいれん》、慎重、勤勉である。この三つを本当に理解する時は、我が身を律する根拠を理解する時である」と。従政名言《じゅうせいめいげん》

【解説】

賄賂という言葉に田沼意次《たぬまおきつぐ》を思い浮かべる人は今もあろう。大石慎三郎《おおいししんざぶろう》さんの『田沼意次の時代』（岩波書店、一九九一年）に、次のような話がある。

仙台藩主伊達重村《だてしげむら》が中将《ちゅうじょう》の位を望み、老中松平武元《まつだいらたけちか》、大奥老女高岳《ろうじょたかおか》、田沼の三者に賄賂攻勢をかけた。大石さんによれば、高岳は新築の一軒家をもらい、松平は、目立たぬように供《とも》の数を減らして屋敷まで来るよう指示し、「先頃のご挨拶に甚《はなは》だ満足した」と収賄《しゅうわい》した一方で、田沼は「来るに及ばず」と拒絶したとのこと。松平は、東大教授辻善之助《つじぜんのすけ》の著書『田沼時代』（一九一五年）の中で、「品行方正」と賛美された人物である。大石さんは、賄賂政治家田沼とは、その政敵松平定信側の史料を元に作られたイメージであろうと述べている。

田沼が「清・慎・勤」な政治家であったかどうかは知らない。しかし、この話から、「身を律」していたこと、また、歴史にはまだまだ研究が必要な「常識」があることが分かる。更に私は、素行のいう「清・慎・勤」が今も必要な教えであることに、人間というものの業《ごう》を感じる。

【二六】寡欲《かよく》

一、《ひとつ》賄賂《わいろ》勘定《かんじょう》は、清廉《せいれん》為《た》るべき事《こと》

同《おなじく》云《い(わ)》く、福《ふく》は清倹《せいけん》に生《しょう》じ、患《うれい》は多慾《たよく》に生《しょう》ず。

一、賄賂、金銭関係は清潔であるべきこと

古人がいっている。「幸福は（金銭に）潔白、倹約の心に生じ、不幸は欲深い心に生ず」と。

【解説】

「金の切れ目が縁の切れ目」という。「縁の切れ目」くらいならまだよい。今の我が国は、そんなもので命まで失う事件が絶え間ない。いつからこんなことになったのであろうか。

幸か不幸か、私はお金に関してだけは悩んだことがない。財布が軽くても、痛痒《つうよう》を感じたことがない。ただ、あればあったで、全部遣《つか》ってしまう。これが大きな反省点ではあるが。

人間の幸せとは何だろう。生来楽天的な私は、悩みがないことと考えている。私はよほどの愚か者なのだろうか。そもそも、お金なるもの、所詮《しょせん》は紙きれである。そんなものに価値を見出すような意識をもち合わせていない。これには、「お金は不浄《ふじょう》」と常々教えてくれた祖母の影響が大きい。「不浄」は私の心だが。

俗に、「金は天下のまわりもの」という。これからもこの金言《きんげん》を信じ、目の前の課題に喰らいつく人生を貫く。

これも所詮《しょせん》は、貧乏人の戯言《たわごと》か。笑わば笑え。

【二七】名利かまごころか

一《ひとつ》、名利《みょうり》を以《もっ》て、勤行《きんこう》の輩《やから》は、信忠《しんちゅう》にあらざる事《こと》

古語《こご》に云《い》はく《(わ)》、志士仁人《ししじんじん》は、生《せい》を求《もと》めて以《もっ》て仁《じん》を害《がい》することなし。論《ろん》

一、名誉・利益を第一に勤務する者は、まごころをつくしているのではないこと

古人がいっている。「義に生きる人や仁を完成させた人は、道義上死ぬのが当然な時に生を求めて仁を害することはない」と。論《ろん》語《ご》

【解説】

素行の教えに、政治家のみならず、全国民が服膺《ふくよう》すべきではないか。「目立ちたい」、「有名になりたい」、「金がもっと欲しい」という人間が多すぎる。とりわけ、選挙演説。どいつもこいつも、「夢を語る」と称して、ホラを吹くふく。お前のいう「〇〇ファースト」事業の原資《げんし》はどこから出ているのか。「お前は何様か、ふざけるな」というのが私の本音。

これこそ、テレビなるものの作り出した悪《あ》しき風潮か。ちょっと名前と顔が売れれば、今は誰しも「政治家先生」になれる。以前、漫才師が知事になったこともある。その時、英国では、「アンビリーバブル。こんな低俗な国家に我が大英帝国の末裔《まつえい》たる我が国が経済的に頭があがらないとは」と報道していた。これには私も下を向いたものである。

「君主にまごころがなければ、いくら税金が低く、夫役《ぶやく》（労働税）が軽かったとしても、人民は決して君主に感謝し、御恩とは思いもしないものなのである。君主はどうして慎まないでよかろうか」と、松陰は誡《いまし》めている。

【二八】トップのありよう

一《ひとつ》、米穀金銀《べいこくきんぎん》、其《そ》の分限《ぶんげん》に応《おう》じ、相嗜《あいたしな》むべき事《こと》

同云《おなじくい》は《(わ)》く、人《ひと》を以《もっ》て天《てん》に事《つか》ふ《(う)》るは、穡《しょく》に若《し》くはなし。書無《しょむ》逸之意《いつのい》*　又云《またい》は《(わ)》く、国《くに》を足《た》らすの道《みち》は、本《もと》を務《つと》めて用《よう》を節《せつ》するに在《あ》り。

一、穀物・金銀はそれぞれの身の程に応じて、楽しむべきこと

古人がいっている。「(天に生み出された)人民を治め天に仕えるには節用が最もよい方法である」と。書経《しょきょう》無逸《むいつ》の意《い》　また、いう。「国家を充実させる方法は、基礎を強固《きょうこ》にして物を倹約することである」と。

*正しくは『老子《ろうし》』「守道《しゅどう》」か。

【解説】

『大西郷遺訓《だいさいごういくん》』に次のような名辞《めいじ》がある。曰く、「万民《ばんみん》の上《うえ》に位《くらい》する者《もの》、己《おのれ》を慎《つつし》み、品行《ひんこう》を正《ただし》くし、驕奢《きょうしゃ》（おごりたかぶり）を戒《いまし》め、節倹《せっけん》を行《おこな（い）》ひ、職務《しょくむ》に精励《せいれい》して人民《じんみん》の標準《ひょうじゅん》となり、下民《かみん》をして其《そ》の勤労《きんろう》を感謝《かんしゃ》せしむるに至《いた》らざれば（人民がリーダーの職務への精励ぶりに感謝するほどでなければ）、政令《せいれい》行《おこな（わ）》はれ難《がた》し。然《しか》るに草創《そうそう》の始《はじめ》に立《た》ちて、家屋《かおく》を飾《かざ》り、衣服《いふく》を文《かざ》り、美妾《びしょう》（愛人）を抱《かか（え）》へ蓄財《ちくざい》を計《はか》らば、何《なに》を以《もっ》て維新《いしん》の功《こう》業《ぎょう》を遂《と》ぐるを得《え》んや」と。

　これが、リーダーのあるべき姿であろう。「其の勤労を感謝せしむるに至らざれば」の一節を目にする度、あのお二人を除き、現安倍総理までの歴代総理の憔悴《しょうすい》された姿が目に浮かぶ。少なくとも私は心から感謝している。

　一方、西国では、「天下人《てんかびと》」気取りだったか、賭《か》け麻雀《マージャン》で辞任に追い込まれた「政治屋」も。立雲頭山満翁《りつうんとうやまみつるおう》は「少しも『天』は取らずに、『下』だけ取っとるのじゃ」と論破《ろんぱ》された。「斯《か》くばかりみにくき国となりたれば捧《ささ》げし人のただに惜《お》しまる」、靖國の社頭に涙した歌である。英霊は今もごらんになっていらっしゃる。

【二九】計画を立てる

一《ひとつ》、其《そ》の分際《ぶんざい》を考《かんが》へ《(え)》て、而《しこう》して無用《むよう》の費《ついえ》有《あ》るべからざる事《こと》

同《おなじく》云《い》は《(わ)》く、入《い》るを量《はか》りて出《いだ》すを為《な》す。

一、(己の)身の程を考えて、意味のない出費をするべきではないこと

古人がいっている。「収入を調べて、支出をしなさい」と。

【解説】

人間というものは、案外と惰性で生きている。確かに、人生に無駄も時には必要ではある。しかし、気づかないうちに、意味のないことに、時間と金、エネルギーを注ぎ込んでいるものである。素行の指摘は、正鵠《せいこく》を射《い》た教えというべきか。計画立案の大切なる所以《ゆえん》である。

しかし、問題は何もお金などではない。最も考えるべきは、この世界にたった一人しかいないあなたの、それも一回しかない人生そのものの計画立案ではないか。

計画を立てること、ほとんどの方は、「何をするか」を決めることと思っている。そうではない。「何をしないか」を決めることである。その前提となるのは、現状分析であろう。そこでまず、今、あなたが必要と考えていることを全て箇条書きに書き出す。そして、当面の生活に不要と思われるものをデリートしてみよう。これで、どれほどの無駄を行っていたかが理解できるはずである。

計画を立てるとは、何をしないかを決めることである。これで、あなたの人生が変わる。必ず変わる。

【三〇】交際のありよう ①

一《ひとつ》、音信贈答《おんしんぞうとう》は、数量《すうりょう》を以《もっ》て定《さだ》むべき事《こと》
古語《こご》に云《い》はく(わ)、礼《れい》は士《し》の帰《き》するところなり。

一、(他者との)手紙や品物等のやり取りは、程度を定めるべきこと
古人がいっている。「礼儀は侍のあるべきところである」と。

【解説】

「音信贈答」は、人間関係の潤滑油《じゅんかつゆ》か。しかし、素行も教えているように、今も続く「お中元」「お歳暮」などの品物に、程度は大切である。「音信」、これはもっと重要か。ところが、万年筆など一度も手にしたことのない今の若者には、この大切さが分かっていない。音信は全て「ライン」である。この味気ないこと。これも老人の戯言《たわごと》か。

学生の頃、恩師から口酸《くちす》っぱく教えられたのは、お世話になった方には、礼状を送ること。礼状は内容よりも迅速《じんそく》さ。年上の方には必ず封書で、ということだった。また、崩《くず》し字《じ》を習い始めた頃、先生への手紙をそれで書いて、こっぴどく叱られた。先生曰く、「配達してくださる方の御苦労を考えなさい。全員崩し字が読めるわけではありません」と。今以て、胸に刻んでいる教えである。

気づけばこれらは習慣となり、今も封書、葉書、切手類は鞄《かばん》に入れて持ち運んでいる。恩師の薫陶《くんとう》のお蔭と心から感謝している。

一枚の葉書、一通の封書、これがあなたの未来をひらく。不思議なものである。

【三一】結婚

一《ひとつ》、嫁娶《かしゅ》の義《ぎ》は、美麗《びれい》を致《いた》すべからざる事《こと》、付聟《つけたりむこ》舅《しゅうと》の権衡《けんこう》、考《かんが(う)》ふべきの事《こと》

司馬温公《しばおんこう》曰《い(わ)》はく、凡《およ》そ婚姻《こんいん》を議《はか》るに、先《ま(ず)》づ其《そ》の婿《むこ》と婦《よめ》との性《せい》行《こう》及《およ》び家法《かほう》何如《いかん》を察《さっ》すべし云々《うんぬん》。小学《しょうがく》

一、結婚式は、美しくあでやか過ぎないこと、追記　婿や舅との釣り合いを考えるべきこと

司馬温公がいっている。「大体、結婚しようとするなら、まず、婿と嫁の性格、行い及び両家のしきたりはどうかということを推測するべきである、云々」と。小学《しょうがく》

【解説】

素行の教えから学ぶべきは、「美麗を致すべからざる事」か。ところが、我が国では「ナシ婚」が増加の傾向にあるという。

挙式を行うメリット、デメリットとは何であろうか。メリットは、①人生の節目をつける②親に御恩返しをする③お世話になった方へのお礼を兼ねたお披露目《ひろめ》、報告が一気にできるなどか。一方、デメリットは、①費用がかさむ②準備に時間・エネルギーを取られる。これには、人選・席次の問題などが考えられよう。

これまで経験した教え子たちの挙式といえば、ほとんどが仏教徒なのに、ほぼキリスト教式であった。私など、列席者が真面目くさって賛美歌を歌っている横顔を見れば吹き出しそうになり、また、牧師さんの「アーメン」に合わせて、こっそり「ラーメン」などとつぶやいたことも。更に、結婚式場の余りな演出に、新郎・新婦は「急造芸人」かと感じたこともある。ただ、両家の釣り合いなどと口にしなくなったことだけは、社会の成熟かと感じているのだが。

【三三】堪忍《かんにん》

一《ひとつ》、喧嘩口論《けんかこうろん》の族《やから》は、不忠為《ふちゅうた》るべし、堪忍《かんにん》の輩《やから》は、忠義為《ちゅうぎた》るべき事《こと》

古語《こご》に云《い》は《(わ)》く、一朝《いっちょう》の忿《いかり》に其《そ》の身《み》を忘《わす》れて、以《もっ》て其《そ》の親《しん》に及《およ》ぼすは、惑《まどい》に非《あら》ずや。論《ろん》

一、けんか、口論をする者は不忠である、我慢する者は忠義者であること

古人がいっている。「一時の怒りに我を忘れ、その禍《わざわい》を親にまで及ぼすのは、心の惑いではないか」と。論語《ろんご》

【解説】

安政《あんせい》三（一八五六）年、吉田松陰も「戦国《せんごく》の習《ならい》として、武勇《ぶゆう》の弊《へい》動《やや》もすれば粗暴兇《そぼうきょう》戻《れい》に陥《おちい》り、瑣細《ささい》の無礼咎《ぶれいとがめ》、詞咎《ことばとがめ》などより喧嘩闘争《けんかとうそう》を生《しょう》じ、人《ひと》を討《う》ち果《は》たし、疵付《きずつけ》すること多《おお》し。（中略）是《こ》れ昇平委靡柔惰《しょうへいいびじゅうだ》、無廉無恥《むれんむち》の風《ふう》よりは遙《はる》かに勝《まさ》りたれども、大丈夫国《だいじょうふくに》に許《ゆる》す所《ところ》の堂々《どうどう》たる六尺《ろくしゃく》の身《み》を以《もっ》て、区々私忿《くくしふん》の為《た》めに砕折《さいせつ》するは、誠《まこと》に不忠《ふちゅう》なることとなり」（戦国時代以来の風潮として、武勇はともすれば乱暴で荒々しい状態に陥り、瑣末《さまつ》な無礼や言葉から喧嘩や闘争となり、他者を討ち果たしたり、傷つけたりすることが多くなるという弊害がある。（中略）これは平和が続いた結果、武士の心根が萎《な》え、しおれて、潔さがない風潮よりはまだましであったが、仮にも堂々とした六尺の体をもち、国家に期待される一人前の男児たる者が、個人的な怒りのためにくじけてしまうのは、実に不忠なことである）」と、素行の教えに関した講義をしている。

問題は「私忿《しふん》」である。私でも、「瞬間湯沸かし器だけはいけない。『成らぬ堪忍するが堪忍』という。燃えないロウソクたろう」と自戒《じかい》している。

【三三】徳と礼

一《ひとつ》、公事《くじ》諍論《じょうろん》の捌《さばき》は、本理《ほんり》を以《もっ》て決断《けつだん》を遂《と》ぐべし、理屈《りくつ》の批判《ひはん》用《もち（う）》ふべからざる事《こと》

同《おなじく》云《い（わ）》はく、之《こ》れを道《みちび》くに徳《とく》を以《もっ》てし、之《こ》れを斉《ととの（う）》ふるに礼《れい》を以《もっ》てすれば、恥《はじ》ありて且《か》つ格《ただ》し。

一、政治や論争上の判断は、正しい道理をもって決断するべきで、理屈などの批判に耳を傾けるべきでないこと

古人がいっている。「（主君がまず自ら道理にかなった正しい行いをして）民を導くに、人徳を以て、善を行い、悪を行わないようにさせる。（これに従わない者に対して、）礼という中道《ちゅうどう》を得た行動の基準をもって正すようにすれば、民は悪事を恥じ、また善に至るものである」と。

【解説】

トップたる者が最も留意すべきは「心定め（腹を据《す》えること）」であろう。「腹の据わった人物」、私の青年時代までは随分とおられたように思う。ところが最近は、実に少なくなってきたと感じる。やはり戦後教育が間違っていたのであろうか。

松陰は素行の『武教全書』を引き、「『心定め』は『一旦』の『奮激《ふんげき》』ではできない。『心胆《しんたん》』の『涵養鍛錬《かんようたんれん》』が必要である。それは、日頃から『専《もっぱ》ら文学《ぶんがく》（学問）に志《こころざ》し』て、何が『義不義忠不忠《ぎふぎちゅうふちゅう》』であるかを考えること。また、『礼儀廉恥《れいぎれんち》の行《ぎょう》』に励み、『心《こころ》を鉄石《てっせき》の如《ごと》く』に鍛え上げること」という。更に、「武芸《ぶげい》」「鷹《たか》・鹿狩《しかが》り、河漁《かわりょう》」などによる心身の鍛錬を提唱する。これによって、「徳（人徳）」、「礼」が備わり、真のトップとなる、との教えであろうか。そして、そんな人物となれば、「将吏士卒《しょうりしそつ》誰《た》れか敢《あ》へ《(え)》て従《したが》は《(わ)》ざらん」と結論付けている。

いつの時代も、真のトップとは、このような人物をいう。

【三四】縁故と小人《しょうじん》

一《ひと》つ、万内縁《よろずないえん》を以《もっ》て聞《き》き入《い》るべからざる事《こと》

同《おな》じく云《い（わ）》はく、君小人《きみしょうじん》を近《ちか》づくるときは、賢者侵害《けんじゃしんがい》せらる。

一、諸事、身内という関係で（意見などを）聞き入れるべきでないこと

古人がいっている。「主君がつまらない人間を近づける時には、心ある立派な人は被害を被《こうむ》る」と。

【解説】

素行の教えに思うのは、会社などの、子供など身内への「禅譲《ぜんじょう》」である。

若い頃から苦労され、功成り名を遂げられた何名かの創業者の方にお会いしてきた。私が拝見したところ、この方々は二つのタイプに分かれる。

Aタイプは、溺愛《できあい》する子息などに社長の座を譲りながらも、会長などと称して院政を敷く方。このタイプは、政財界等の人脈を誇るが、学問は耳学問だけ。周りには、胡散臭《うさんくさ》い新参者《しんざんもの》が衛星の様に飛び回っている。一方、Bタイプは老体に鞭打《むちう》って、ずっと先頭を走る、「実《みの》るほど頭《こうべ》を垂《た》れる稲穂《いなほ》かな」を地《じ》でいく方。身内への「禅譲」など全く念頭になく、会社は公器《こうき》と自覚し、真摯《しんし》に学問を継続されている。「譜代《ふだい》の臣」に囲まれ、社内が和気藹々《わきあいあい》としている。

一企業でもトップでこれほど違う。前者の場合、待っているのは甘い「父さん」故の「倒産」か。況《いわ》んや国家となれば。

「売《う》り家《いえ》と唐様《からよう》で書《か》く三代目《さんだいめ》」といえば、お隣が。片ややりたい放題の「三代目」、片や大統領の背後霊の如き「小人《しょうじん》」母子が。心配なのは、我が国の安全だが。

【三五】過ちの本質

一《ひとつ》、不慮《ふりょ》の過《あやま》ちは、大過《たいか》と為《な》すべからざる事《こと》

同《おなじく》云《い（わ）》はく、過《あやま》ちて改《あらた》めざる、是《こ》れを過《あやまち》と謂《い（う）》ふ。

一、思いがけない過失は大過失とすべきでないこと

古人がいっている。「過ちを犯しても改めないこと、これを過失という」と。

【解説】

時に、「私はこれまで過ちを一度もしたことがない」と誇らしげに語る人がいる。「お前はあほか！　バカも休み休みいえ」と叫びたくなる。

人間は、いくつになっても過ちをおかすものである。常に現状に満足せず、突撃につぐ突撃を敢行するような人間に過ちはつきものであろう。そんな人間こそ、私の憧れ。常々、そんな心意気をもち続けられる人間になりたいと念じて生きてきた。どんな世界に身を置こうと、人生は常に真剣勝負である。時に過ち、負けることもある。過ちを重ねることもある。それが人間ではないか。

問題はその過ちを真摯《しんし》に反省し、それに学び、己を修正することではないか。最初から受け身一方《いっぽう》で消極的に生きるのなら、誰が過ちを犯すものか。

最近、そんな心意気で生きる、惚《ほ》れ惚《ぼ》れするような「猛者《もさ》」に会ったことがない。懐かしい「猛者」の復活を「俺は待ってるぜ」!!　裕ちゃんの時代、我が国は夢を追う、そんな青年で溢《あふ》れていた気がする。

【三六】 聖人の心

一《ひとつ》、死罪《しざい》の輩《やから》は、重々吟味《じゅうじゅうぎんみ》を加《くわ》へ《（え）》、公義《こうぎ》に対《たい》し、諸人至極《しょじんしごく》の上《うえ》に於《お》いて、申《もう》し付《つ》くべき事《こと》

古語《こご》に云《い》はく《（わ）》、聖人《せいじん》は常《つね》の心《こころ》なし、百姓《ひゃくしょう》の心《こころ》を以《もっ》て心《こころ》と為《な》す。

一、死罪となった者は、重ね重ね念入りに調べ、公に対し、人々が納得した上で、申しつけるべきこと

古人がいっている。「心ある立派な人は自分のためという心をもたない。人々の心を自分の心としている」と。

【解説】

素行同様、吉田松陰《よしだしょういん》も、安政《あんせい》三（一八五六）年六月、「人命《じんめい》は至《いた》つ（つ）て重《おも》し」と喝破《かっぱ》している。武士は簡単に命を捨てた、と考えている人が今もいる。しかし、武士は決して命を軽視していた訳ではないことが分かる。

「聖人は常の心なし」とは、同時に、頑《かたく》なに原理原則を守ろうとする「原理主義」否定の意も含んでいる。私の研究によれば、松陰も「原理主義」はきっぱりと否定している。また、「百姓の心を以て心と為す」とは、『孟子』の「古《いにしえ》の人《ひと》は民《たみ》と偕《とも》に楽《たの》しむ」の意で、「人民が楽しんでいるのを見て、それを楽しんだ」ということである。

戦後、サヨク思想の影響からか、江戸時代とは、武士が威張り散らし、民百姓は虐《しいた》げられていたという考えが一世を風靡《ふうび》した時代があった。確かに、そんな跳ね上がり武士がいたことも事実であろう。そんな輩《やから》はいつの世にもいる。しかし、この素行の教えを見れば、決してそうではなかったことが分かる。

【三七】大科《おおとが》

一《ひとつ》、大科《おおとが》の族《やから》は、侘言《わびごと》用《もち(う)》ふべからざる事《こと》

同《おなじく》云《い(わ)》はく、功《こう》あるも賞《しょう》せず、罪《つみ》あるも誅《ちゅう》せざれば、唐虞《とうぐ》と雖《いえど》も、以《もっ》て天下《てんか》を化《か》する能《あた(わ)》はず。

一、(国家の存亡にかかわるような)重罪を犯した者には、弁解をさせるべきではないこと

古人がいっている。「(国家に)功績があっても報償《ほうしょう》せず、大罪があっても誅罰《ちゅうばつ》しなければ、堯帝《ぎょうてい》・舜帝《しゅんてい》であっても、天下を感化することはできない」と。

【解説】

大科《おおとが》とは、今でも我が国では否定的な「国家反逆罪」のことか。

古代、我が国の大宝律《たいほうりつ》（刑法）には、唐律《とうりつ》の「十悪《じゅうあく》」を継承した「八虐《はちぎゃく》」なる「大科」があった。私の目に付くのは、「謀反《むへん》（天皇殺害罪、未遂も含む）・謀叛《むほん》（国家反逆罪、外患誘致《がいかんゆうち》も含む）・悪逆《あくぎゃく》（尊属《そんぞく》殺人罪）・不道《ふどう》（大量殺人罪）・不義《ふぎ》（主君など上位者に対する殺人罪）」などか。これらは儒教的倫理に反する犯罪を対象としており、貴族にも減刑、恩赦《おんしゃ》はなかったといわれる。

しかし、そのどれもが現在の我が国にそのまま適用可能な項目であることを思えば、逆にぞっとする。とりわけ「謀叛」なる国家反逆罪の説明に「外患誘致」とあるのは、実にタイムリーではある。

いうまでもない。現在に至るも、どれだけの「在日日本人・組織」が我が国をおとしめていることか。大宝律の時代なら、皆、「大科」の対象である。

我々は真摯《しんし》に国家というもののあり方を考える時期にきている。

【三八】人事評価のありよう

一《ひとつ》、奉公《ほうこう》の善悪《ぜんあく》に随《したが》つ《(つ)》て、賞罰《しょうばつ》を加《くわ》ふ《(う)》べき事《こと》

同《おなじく》云《い》は《(わ)》く、功《こう》を賞《しょう》するに時《とき》を踰《こ》えず。又《また》云《い》は《(わ)》く、善悪同《ぜんあくおな》じければ功臣《こうしん》倦《う》む。

一、奉公の程度に準じて、賞罰を加えるべきこと

古人がいっている。「功績を褒《ほ》め称《たた》えるには、遅延《ちえん》すべきではない」と。また、いう。「善事と悪事への評価が同じであれば、主君に尽くす忠臣であっても嫌《いや》になる」と。

【解説】

素行の教え、今ならさしずめ「人事評価」か。

現在では、いずこの企業も、その人の職務遂行能力、業績、勤務態度などを数値化し、昇給、ボーナス、人事異動などに反映させているのであろう。確かに数値化といえば、客観的・合理的には見える。しかし、実際の我が国では、特定の上司の主観的判断が入りやすいという問題があることも事実である。

私はこの歳まで、ずっと高校、大学という狭い、ある意味では特殊な世界で生きてきた。したがって、このような評価には一家言《いっかげん》はもっているつもりである。

教育という世界、そのような指標で教師を判断できる世界であろうか。所詮《しょせん》、人間対人間の世界である。時に、授業のうまい人がいる。事務的仕事に抜群の能力を発揮する人がいる。何故か、「問題」生徒がなつく人がいる。これらは上記の指標では測れない。況《ま》してや、「費用対効果」などを持ち出されれば、教育とはこの大いなる無駄にこそ価値がある、と自らの経験に照らし、つい反発を感じる私がいる。世間に、「教師は甘い」といわれる所以《ゆえん》か。

【三九】賞罰のありよう

一《ひとつ》、賞《しょう》は少善《しょうぜん》を挙《あ》げ、罰《ばつ》は大悪《だいあく》を禁《きん》ずる事《こと》

太公曰《たいこうい(わ)》く、殺《さつ》は大《だい》を貴《たっと》び、賞《しょう》は小《しょう》を貴《たっと》ぶ。又云《またい(わ)》く、一《いっ》を賞《しょう》して以《もっ》て百《ひゃく》を勧《すす》め、一《いっ》を罰《ばっ》して以《もっ》て衆《しゅう》を懲《こら》す。

一、報償《ほうしょう》は些細《ささい》な善行《ぜんこう》でも行う。誅罰《ちゅうばつ》は重悪《じゅうあく》から行うこと

太公望《たいこうぼう》がいっている。「誅殺《ちゅうさつ》は相手の地位が高い程効果があり、報償は相手の地位が低い程効果がある」と。また、いう。「一人の善行を賞して、多くの人に善行を勧める。一人の悪行を誅罰して、多くの悪行を戒《いまし》める」と。

【解説】

人間、いくつになっても誉《ほ》められると嬉しく、些細《ささい》なことでも叱られると反発するものであろう。

さて、トップの賞罰のありようにつき、十九歳の吉田松陰に次のような「上書《じょうしょ》」がある。大意を記す。

「国家経営において、第一に大切なことは賞罰である。一、それは定期的ではいけない。臨時に行うべきである。それで、上の威厳は増し、下の感激も益《ま》す。わずかな悪を懲《こ》らすことで、大きな悪を退治でき、小さな善を誉めることで、人々が善事に向かうようになる。二、これは、綿密な調査をし、えこひいきなく、事実に即して行うべきである。一様に行う賞罰は、却って害となる。三、刑法は定めるが、それを用いないという社会が理想である。四、上の行いを見習うのが人情である。上位の者がしっかり励むべきである」と。

俗に、「教えは耳ではなく、目から入る」という。トップたる者、拳拳服膺《けんけんふくよう》すべき教えであろう。問題はトップにこそある。

【四〇】月旦評《げったんひょう》禁止

一《ひとつ》、諸人《しょじん》の善悪《ぜんあく》は、口外《こうがい》に出《いだ》すべからざる事《こと》

古語《こご》に云《い(わ)》はく、人《ひと》の短《たん》を言《い(う)》ふ勿《なか》れ。又《また》云《い(わ)》はく、夫《そ》れ人《ひと》は言《い(わ)》はず、言《い(え)》へば必《かなら》ず中《あた》るあり。

一、人々の善悪は、口にすべきではないこと

古人がいっている。「人の欠点を口にするな」と。また、いう。「心ある立派な人は妄《みだ》りにものをいわない。いえば、必ず道理にかなっている」と。

【解説】

「月旦評《げったんひょう》（人物のしなさだめ）」をするなとの素行の教え、私も何度も教えられたことである。しかし、組織のトップともなれば、その重要度は私などの比ではない。なぜなら、トップがつい口にした「月旦評」一言で命を奪われたり、国家が内部崩壊したりした例は青史《せいし》に多く見られるからである。

ところが、人間というもの、「原罪《げんざい》」であるかのように人物評、というより他者の悪口が好きである。かくいう私もこれで何度失敗してきたことか。

そんな私も還暦を迎えた頃、やっと円悟《えんご》した。それは、①必要のないことは口にしない、沈黙を守る②目の前にいない人の話を口にしない、の二つである。

これを悟って以降、なぜか色々な人から情報が入るようになった。これは全く予想もしないことであった。

「君子《くんし》は交《まじわ》り絶《た》ちて悪声《あくせい》を出《いだ》さず（立派な人は、ある人となんらかの事情で交際を絶たねばならなくなったとしても、その人の悪口はいわない）」と松陰も講義している。この境地、私にはまだまだ遥か雲の果てである。

【四二】問題は自分！　自分である

一《ひとつ》、人《ひと》の非《ひ》を正《ただ》さず、自身《じしん》の非《ひ》を見《み》るべき事《こと》

同云《おなじくい》はく（わ）、其《そ》の身正《みただ》しければ令《れい》せずして行《おこな》はる（わ）。

一、他者の間違いを正さず、自分の間違いを見るべきこと

古人がいっている。「自分の心が正しければ、命令をしなくとも（物事は）きちんと行われる」と。

【解説】

素行の教えは、「他人の短所はよく見える。ところが、自分のそれには気付かない」ということか。将にこれを代表するのが、幼稚園から大学までの教員集団か。全て「上から目線」！「お前はいつから偉くなったのか」という世間様の声など届かない。お気づきでないのは「先生」方。俺もか。反省。

基本は「其の身正しければ」、これである。高校、大学という世界で田舎教師の末席を汚してきて、最近思うこと。教育とは、このまともな人間を育てること以外ない。では、まともな人間を育てる「先生」方には何が必要か。簡単である。まともな人間たることである。

現在、教員採用試験に合格すれば誰しも「教員」にはなれる。しかし、ここが出発点。そこから自己教育を重ね「教師」、まともな人間となることである。

これは何も学校の世界だけではない。企業のトップも同様であろう。昔、「うちは金をかけている割には馬鹿社員が多くてね」と嘆かれる社長さんから講演を依頼されたことがある。丁重にお断りした。こっそり一言、「ふざけるな‼」。

【四二】納諫《のうかん》

一《ひとつ》、人《ひと》の異見諫《いけんいさめ》は、善悪共《ぜんあくとも》に拒《こば》むべからざる事《こと》

同云《おなじくい》はく、木《き》は縄《なわ》に従《したが（え）》へば正《ただ》しく、人《ひと》は*諫《いさめ》に従《したが（え）》へば聖《せい》なり。
荀子《じゅんし》

一、他者からの意見・諫言《かんげん》は、どんなことでも拒むべきでないこと

古人がいっている。「木は墨縄《すみなわ》に従って切れば、まっすぐな材木となる。人は家来の諫言に従えば、立派な聖人となる」と。荀《じゅん》子《し》

*『書経《しょきょう》』によれば、正しくは「后《きみ》」か。

【解説】

テレビから流れる、「笑ってごまかせ自分の失敗、死ぬまでなじろう他人の失敗」なる台詞《せりふ》に笑っていた若い時代が懐かしい。あれから、多くの上司にどれほどの「御指導」をいただいてきたことか。しかし、振り返れば、ただ感謝。月給までいただきながら、「人間教育」をしていただいた。育ったか否かが問題か。

諫言という。これを行うことがまず難しい。皆、御身《おんみ》大切なのである。しかし、トップとなり、これを聴くことはもっと難しいことであろう。

若い頃など、恩師以外の輩《やから》から、論文の「てにをは」一つ「指導」をされても「瞬間湯沸かし器」状態だった。やがて、教え子からの「指導」にも耳従うようになった。そしてこの歳となり、気付けば、上司、若輩《じゃくはい》を問わず、従う私がいる。諸事いい加減になった故か、円悟《えんご》したか。それとも、単なるボケか。

「トップは孤独」と嘆くリーダーもある。しかし、「類は友を呼ぶ」という。良きトップには良き取り巻きが集い、バカにはバカが集うということか。問題は御本人にある。現在は、一方的に部下を詰《なじ》るトップの増殖《ぞうしょく》が気にかかる。

【四三】日々のありよう

一《ひとつ》、平生《へいぜい》の勤行干要《きんこうかんよう》為《た》るべし、然《しか》らざれば、急事《きゅうじ》に臨《のぞ》み、何時《いつ》か取《と》り乱《みだ》すべき事《こと》

同《おなじく》云《い》(わ)はく、門《もん》を出《い》(ず)づるより敵《てき》を見《み》るが如《ごと》し。

一、日頃の行いが大切である。そうでなければ、急に事件が起こった時には、いつか取り乱すはずであること

古人がいっている。「門を出たときから、敵を見るようにしなさい」と。

【解説】

今日《こんにち》、「今」というこの時間を生きていることの意義を自覚しながら生きる人は、一体どのくらいいるのであろうか。私が論考したところでは、吉田松陰は確かにそんな生き方をした人物であった。これに驚嘆し、私の余りに俗っぽい生き方を恥じ、真摯《しんし》に反省したことがある。

その松陰にこんな講義録がある。大意を記す。

「山鹿素行先生が師である北條氏長《ほうじょううじなが》宅で、赤穂配流《あこうはいる》の命を受けられた時に北條氏長が『どんなことであってもよいので言い残したいことがあれば書きなさい』といって硯箱《すずりばこ》を出したところ、素行先生は笑って『以前から外出する時は家のことを忘れるだけの覚悟はしておりますので、今更いい残すことなどはありません』と応《こた》えられたのは、将に武士の手本というべきではないか。そもそも武士ならばこれくらいの覚悟がなくてはならない」と。

ここから、素行の精神が時代を超えて松陰という青年を育てたことが分かる。今を生きる我々がこれに学ぶことは多い。

【四四】仕事のありよう

一《ひとつ》、勤番《きんばん》は、闕如《けつじょ》を致《いた》すべからざる事《こと》

古語《こご》に云《い（わ）》はく、夙《つと》に興《お》き夜《よわ》に寐《い》ね、以《もっ》て一人《ひとり》に事《つか（う）》ふ。

一、（交代制での）勤務は、欠勤すべきではないこと

古人がいっている。「朝起き、夜寝るまで（仕事に精を出し）、一人の主君にお仕えする」と。

【解説】

この教えに思い出すことが一つある。四年前の冬だった。山口県立宇部高校剣道部での自慢の教え子安井《やすい》寛《ひろし》君から、「先生、自衛隊の規程で謝金はあまり出せませんが、幹部に御講演をお願いできませんか」との電話。彼は当時、陸上自衛隊一佐、木更津基地の「第一ヘリコプター群長《ぐんちょう》」であった。即快諾《かいだく》。初めてのアクアラインも修学旅行気分であった。

部隊に着き、彼の部屋に案内された。しばしの歓談ののち、トイレを借りに廊下へ出た。見れば、パイロットの待機室前に、まるで小学校の廊下にあるような流し台がある。なぜだろうなどと思いながら見ていると、待機室から所用で外に出たパイロットが皆、帰ってくる度にそこで手洗いとうがいをしている。意味が分からず寛ちゃんに聞くと、「我々は常に非常事態に備え、待機しています。いざという時、当番が『すみません。風邪で飛べません』はないんです」と。

寛ちゃんの顔が、一瞬、初めて会った高校時代の坊主頭となり、そして、ゆがみ、やがて、見えなくなった。今もこんな男達がいる。我が国の誇りである。

【四五】油断とは

一、《ひとつ》昼夜《ちゅうや》に限《かぎ》らず、油断《ゆだん》せしむべからざる事《こと》

同云《おなじくい》はく（わ）、事《こと》は忽《ゆるがせ》にする所《ところ》に起《おこ》る。

一、常に油断をさせてはいけないこと

古人がいっている。「事故はなおざりにするところに起きる」と。

【解説】

「油断」の有力な語源は二つあると聞く。一つは、諸橋轍次《もろはしてつじ》先生が是とされた「涅槃《ねはん》経《ぎょう》」で、同氏の『大漢和辞典』には、「注意を怠ること。古《むかし》、王臣の油鉢を持する者が油を覆《くつが（え）》へせば、罰として生命を断滅されたからいふ《（う）》」とある。

他の説は古語の「寛《ゆた》に」が音変化したという説。ただし、「ゆたに」が「ゆだん」に変化した用例は未発見で確定はできないといわれる。ただ、四国地方には、今でも、「ゆだんなされ（ごゆっくりしてください）」と遣《つか》う地方があると聞く。

いずれが是にせよ、「油断」とは、将に素行が引くように、「怱《ゆるがせ》」（＝心をゆるめ、おろそかにすること。いいかげんなこと、なおざり）に起因するものであろう。今の我が国は、国家の根本である憲法からして、依然として「怱」なままである。戦後とは、ある意味、将に「油断」の時代だったということか。

武士が生きた「警戒・用心」オンリーの時代もなあ、とは思うが、我が国を取り巻く状況を見れば、もうそんなこともいってはいられない気もする。

私などその前に、部屋の整理整頓からか。何ともお恥ずかしい次第ではある。

【四六】交際のありよう②

一《ひとつ》、用事《ようじ》無《な》くして、而《しこう》して他《た》と漫《みだ》りに往来《おうらい》を通《つう》ずべからざる事《こと》

同《おなじく》云《い（わ）》はく、君子《くんし》は群《ぐん》して党《とう》せず。

一、用もないのに、他者と意味もなく交際すべきではないこと

古人がいっている。「心ある立派な人は、（和《やわ》らぎ親しんで）人々と群居するが、徒党《ととう》を組むことはない」と。

【解説】

素行の教えは、個人にも国家にも大切であろう。ところが、戦後、我々は幼児期から「誰とでも仲良くしなさい」と、将に「全方位外交」を是として育てられてきた感がある。しかし、最近のお隣さんを見ていれば、あれは本当に正しい教えだったのかと考えざるを得ない。お隣さんとはいうまでもなく「反日」という一点で常に「徒党」を組まれる漢族、朝鮮族の方々である。

ところが、世界第二位の経済大国となられた前者は、我が財務省がEU、カナダにならい、「特恵関税制度」の対象から外すと決めた途端、我が尖閣列島や東・南シナ海でのいつもの「居丈高《いたけだか》」な態度を引っ込め、「経済規模では世界二位だが、世界最大の発展途上国」などと「泣き落とし」を始める始末。

一方、後者はといえば、「日韓スワップ」問題、「慰安婦像」問題で世界の嘲笑《ちょうしょう》を買う始末。

前者は論外だが、後者の在日の友は皆正常で、交友はずっと続けたい。「あゝそれなのに」母国の方々ときたら。素行に学ぶべきことは、ここにもある。

【四七】教導《きょうどう》のありよう

一《ひとつ》、諸人《しょじん》に対《たい》して、過言《かごん》の事《こと》

同《おなじく》云《い(わ)》はく、忠信《ちゅうしん》以《もっ》て之《こ》れを得《え》、驕泰《きょうたい》以《もっ》て之《こ》れを失《うしな(う)》ふ。

一、人々に対して、よくよく言い聞かせること

古人がいっている。「(他者との信頼は、自分が)誠実で真面目な時に得ることができ、おごり高ぶり、勝手気ままな時に失う」と。

【解説】

上司として部下に指導すること、今も挨拶の仕方に始まり、「報告」「連絡」「相談」、つまり、「ホウレンソウ」か。全国的に定着した観のある「ホウレンソウ」だが、時に「上司が報告、連絡、相談などを聞く耳をもってない」という部下の怨嗟《えんさ》の声となる。これでは何の意味もない。

私など部下の教導と聞けば、すぐに思い浮かぶのは、山本五十六聯合艦隊司令長官《やまもといそろくれんごうかんたいしれいちょう》の、「やってみせ、言って聞かせて、させてみせ、ほめてやらねば、人は動かじ」との名辞《めいじ》である。この基底に、部下を我が子の如く心底慈《しんそこいつく》しんだという五十六の人間性があったことを、現在の「上司」たる者は心すべきであろう。そこに部下の怨嗟の声など発生しない。

素行が続けて引用した、「(信頼は、自分が)誠実で真面目な時に得る」は、将にそれを証明している。

上司という立場だけでは、部下は付いてこない。ポイントは上司の人間性である。けだし、人生の辛酸《しんさん》をなめつくした素行故の教えというべきか。

【四八】仲間内・部下への饗応《きょうおう》のありよう

一《ひとつ》、傍輩《ほうばい》に対《たい》し、過分《かぶん》の饗応《きょうおう》、大勢《おおぜい》の寄合《よりあい》、之《こ》れを禁《きん》ずべき事《こと》

同《おなじく》云《い（わ）》はく、傲《おごり》は長《ちょう（ず）》すべからず、欲《よく》は縦《ほしいまま》にすべからず。

一、仲間に対する分を過ぎた酒食のもてなし、多人数での会合等を禁止するべきこと

古人がいっている。「贅沢《ぜいたく》に耽《ふけ》ってはいけない。欲望のままに振る舞ってはいけない」と。

【解説】

現在、一般企業の世界では、部下の人心掌握のための「呑《の》ませ、喰《く》わせ」はさすがになかろう。いまだにやっているのは、貧乏酒を呑む「公務員・教員」位か。

素行の教えに関して、若い頃に感動した土光敏夫《どこうとしお》さんの話がある。土光さんが東京高等工業学校（現東京工業大学）を卒業後、石川島播磨《はりま》重工業（現ＩＨＩ）に入社された頃のことと記憶する。他の作業班では、終業後、部下との宴会をしていた。しかし、土光さんだけは、部下対象に御自身が大学で学んだ最新技術などの勉強会を開催された。勉強会の後、若い部下に振る舞われたのは、「素《す》うどん」だったと覚えている。やがて、土光班の業績は飛躍的に向上したという。

もう一つ鮮明に覚えているのは、土光さんが松下幸之助《まつしたこうのすけ》さんの名辞《めいじ》をひねっていわれた「まずは汗を出せ、汗の中から知恵を出せ、それが出来ぬ者は去れ」という名辞である。

しかし、私が就職後にやったことは、仲間内での「呑ませ、喰わせ」の類だった。これが超一流の人物と三流品の私の差か。情けない。反省。

【四九】徒《と》党《とう》－小人《しょうじん》

一《ひとつ》、大小《だいしょう》の事《こと》に就《つ》き、徒党《ととう》を立《た》つるの科《とが》、重罪《じゅうざい》為《た》るべき事《こと》

同《おなじく》云《い》はく（わ）、小人《しょうじん》は比《ひ》して周《しゅう》せず。

一、大小を問わず、徒党を組む罪は重罪とするべきこと

古人がいっている。「つまらない人間は、特定の仲間とだけ親しみがちである」と。

【解説】

一般企業はいざ知らず、徒党、学閥というもの、教員や研究者の世界では今以て花盛りである。将に、「寄らば大樹の陰」状態か。

教員でいえば、小中は地元の教育学部出身者が。また、高校は東西に自称「横綱」の、自信・意識共に過剰な大学が二つ。だから、教員には「小人」が多いのか。俺も反省か。

一方、研究者の世界にもいまだに学閥の影が。だから、本当に実力のある方はひたすら海外を目指す。実力もない私など、この世界でも外れ者。いずれも三流品の僻《ひが》みか。情けない。しかし、いずれの世界も「実力一本」、本当に自分に自信があれば、敢えて雑魚《ざこ》と集う必要などないか。

「波騒《なみざい》は世の常である。波にまかせて、泳ぎ上手《じょうず》に、雑魚は歌い雑魚は踊る。けれど、誰《たれ》か知ろう、百尺下《ひゃくしゃくか》の水の心を。水のふかさを」とは、吉川英治《よしかわえいじ》さんの名著『宮本《みやもと》武蔵《むさし》』の名辞《めいじ》である。この一文にどれほど励まされたことか。たった一度の人生である。あくまでも「武蔵」を目指したい。突撃は続く。

【五〇】不祥《ふしょう》の実《じつ》

一《ひとつ》、虚言《きょげん》を構《かま(え)》へ讒訴《ざんそ》を企《くわだ》つる族《やから》は、克《よ》く察《さっ》すべきの事《こと》

同《おなじく》云《い(わ)》はく、衆之《しゅうこ》れを好《この》めば必《かなら》ず之《こ》れを察《さっ》し、衆之《しゅうこ》れを悪《にく》めば必《かなら》ず之《こ》れを察《さっ》す。又《また》云《い(わ)》はく、讒邪《ざんじゃ》進《すす》めば衆賢《しゅうけん》退《しりぞ》き、群狂《ぐんきょう》盛《さかん》なれば正士《せいし》銷《き》ゆ。

一、嘘をいって、他者を陥《おとしい》れるための告げ口を企てる者は、よく調べるべきこと

古人がいっている。「人々が好めば必ず調べ、人々が嫌がれば必ず調べる」と。また、いう。「邪《よこしま》で他者の悪口をいう人が増えれば、多くの賢者は退けられ、悪人が増えれば、心ある立派な人は消えてなくなる」と。

【解説】

　素行の教えに思い浮かぶのは、『孟子《もうし》』離婁下十七章《りろうげじゅうななしょう》にある次の一節である。曰く。「言《げん》に実《じつ》の不祥《ふしょう》なし。不祥《ふしょう》の実《じつ》は、賢《けん》を蔽《おお(う)》ふ者《もの》之《こ》れに当《あた》る（世間には不吉らしく聞こえる言葉というものがあるがよく考えてみると、それほど不吉というものではない。ただ、不吉な言葉というものがあるとすれば、それは、賢者《けんじゃ》をねたんでおとしいれるために真実を曲げてその人のことを悪くいう讒言《ざんげん》、これこそ将にそれである）」と。

　私は生来的に、他者が何をしようと、どんなに出世しようと全く気にならない性分《しょうぶん》で、「讒訴《ざんそ》」だけはやったことがない。ただ、何故か、嫉妬《しっと》されたことは何度かある。そんな価値のある男などではないのに、あの方々、多分勘違いされていたのであろう。将に、「不徳の致すところ」ではある。

　しかし、「讒邪進《ざんじゃすす》めば衆賢退《しゅうけんしりぞ》き、群狂盛《ぐんきょうさかん》なれば正士銷《せいしき》ゆ」とは、将に現在の我が国か。「一億総評論家」ならず、一億総「讒訴《ざんそ》を企《くわだ》つ族《やから》」。問題は御本人にその自覚がないことである。我が国民の覚醒《かくせい》を祈るばかりである。俺が先か。

【五二】 小事《しょうじ》は大事《だいじ》

一《ひとつ》、平日少事《へいじつしょうじ》為《た》りと雖《いえど》も、虚妄《きょもう》の語《ご》を談《だん》ずべからざる事《こと》

同云《おなじくいわく》く、辞気《じき》を出《いだ》して、斯《ここ》に鄙倍《ひばい》に遠《とおざ》かる。同云《おなじくいわく》く、霜《しも》を履《ふ》んで堅氷至《けんぴょういた》る。易《えき》

一、日頃から小さなことであっても、嘘や偽りの言葉を口にするべきでないこと

古人がいっている。「（心ある人が）正しい言葉を口にすれば、野《や》卑《ひ》、非道な人間は自《おの》ずから遠ざかる」と。また、いう。「物事の兆候《ちょうこう》が現れれば、大事がまもなくやってくる」と。易経《えききょう》

*正しくは「小事」か。

【解説】

素行の教えは、まさにそのとおりである。ところが、これができる人は果たしてこの世に何人いるか。

小さな嘘、偽りの言だけではなかろう。その反対の大言壮語《たいげんそうご》もまた然り。これらに共通するのは、自分に真の自信がないということか。

この言辞に関し、人間には四つのタイプがあるように感じる。一つは不言実行型《ふげんじっこう》。健さんタイプか。二つ目は有言実行型《ゆうげんじっこう》。これには、程度により濃淡がある。有言即実行するタイプ。口にした自分の言葉で己を鼓舞《こぶ》し、必死で何とか帳尻《ちょうじり》を合わせるタイプ。私がこれである。三つ目は有言不実行型《ゆうげんふじっこう》、いわゆる「いうだけ番長」。四つめは不言不実行型《ふげんふじっこう》。三、四は論外か。

どんな小さなことにも嘘や偽りを口にしない人間、そんな人が時にいる。私の生涯の憧れである。

韓愈《かんゆ》は「彼も人なり、我も人なり（彼も我も同じ人間である。他者にできることは、自分にできないことはない）」と教えている。この気概を持ち続けたい。

【五二】君と臣のありよう

一《ひとつ》、主人《しゅじん》の疑《うたがい》は、其《そ》の身《み》に対《たい》し、宜《よろ》しからざると雖《いえど》も、毛頭述懐《もうとうじゅっかい》せしむべからざる事《こと》

古語《こご》に云《い(わ)》はく、君君《きみきみ》たらざるも、臣臣《しんしん》たらざるべからず。

一、（家臣にとり）主君からの疑いは、その身にとってはよくないことではあるが、決して、（家臣に主君への）不平・愚痴《ぐち》等をいわせるべきではないこと

古人がいっている。「主君の態度がどんなに主君らしくなくても、家来は家来らしくお仕えするべきである」と。

【解説】

素行の理想は、仮に主人から疑いをかけられたとしても、不平や愚痴を口にするのではなく、それに恐れ入り、己を反省するような家臣であろう。よって、これは家臣論ではなく、主君論であることが分かる。しかし、臣下をこうあらしめるためには、主君たる者、どれほどの自己修養が、また、どれほどの人徳が必要だろうか。素行が、組織はトップのありようで決まると考えていた証拠である。

後段は、家臣のありようとして人口に膾炙《かいしゃ》されてきた教えである。しかし、これこそまさに「言うは易《やす》く行うは難《かた》し」。かくいう私も、これまでの「煮え湯と冷や飯」の人生で、何度これを思い知らされてきたことか。「すまじきものは宮仕《みやづか》え」とはよくいったものではある。

これを踏まえると、吉田松陰の「君君《きみきみ》たり臣臣《しんしん》たり、（中略）天下《てんか》平《たいら》かなり（君が君としての道を尽くし、臣が臣としての道を尽くす時、（中略）天下は平らかであるというのである）」との教えは、将に宜《うべ》なるかなと得心《とくしん》する。素行、松陰両者の慧眼《けいがん》に感服せざるを得ない。

【五三】守秘《しゅひ》

一《ひとつ》、内談《ないだん》の義《ぎ》は、隠密《おんみつ》為《た》るべき事《こと》

同《おなじく》云《い》は《(わ)》く、将《しょう》の謀《はかりごと》は密《みつ》ならんことを欲《ほっ》す。将《しょう》の謀《はかりごと》密《みつ》なれば姦心《かんしん》閑《ふせ》ぐ。

一、内密の相談は、表立たないようにおこなうべきこと

古人がいっている。「大将たる者の謀略《ぼうりゃく》は内密であることが望ましい。大将の謀略が内密であれば、邪《よこしま》な心を防止する」と。

【解説】

これができるトップとその組織は超一流である。いつもお気に入りを呼び、「これはまだ秘密だが、君だから話す」などとペラペラ「内談」であるはずの秘密を語るのはまさに三流である。これまで、そんな上司に何度もお仕えしてきた。若い頃は、「ああ、俺は信頼されている」などと喜びさえ感じたものである。未熟であった。反省。しかし、経験を積むにつれ、私のような者でも、組織の将来に不安を覚えたものである。

秘密というものは不思議なもので、いつの間にか垂直のみならず、水平的拡大をしている。それは誰の責任か。いうまでもなくトップ、その人である。

直近の歴史では、天下分け目となった、大東亜戦時のミッドウエー作戦などその好例か。呉市内の床屋さんでも、「海軍さんはまた大作戦をさせるそうですね」などという話が交わされていたと聞いたことがある。

しかし、「将の謀密なれば姦心閉ぐ」との教えは素晴らしい。これまでトップに取り入る輩《やから》を何度目にしたか。時に「貝」になること、トップの条件である。

【五四】決断

一《ひとつ》、大細《だいさい》の事共《ことども》、疑心《ぎしん》を去《さ》るべき事《こと》

同云《おなじくい》はく、疑志《ぎし》は以《もっ》て敵《てき》に応《おう》ずべからず。又云《またい》はく、一《ひと》たび決《けっ》して猶予《ゆうよ》せず。

一、大きなことも些細《ささい》なことも、疑いの心を去るべきこと

古人がいっている。「迷い心がある時には敵に対応すべきではない」と。また、いう。「一旦、決めればぐずぐずしない」と。

【解説】

昔、授業で教えたことのない自慢の「教え子」である空自の西村弘文君《にしむらひろふみ》（元ブルーインパルス隊長）からこんな話を聞き、大変勉強になった。

「トップというのは、日頃はボーッとしてるのが理想と聞いたことがあります」。これには私が驚愕《きょうがく》した。理由を聞くと、「各部署にそれぞれのプロがいます。だから、トップは雑務に煩《わずら》わされることなく、常に頭をクリアに保つ必要があります。トップの仕事とは、いざという時に正しい判断を下すことですから」と。これには、感動した。素行の説く真理とピッタリ符号する。ポイントは「一《ひと》たび決《けっ》して」、つまり、決断である。

ただし、決断に至るまでは、素行の教えよろしく、どんな些細なこともなおざりにしない。徹底的に調査する。一方、大きなことは小さなことの集合体である。したがって、徹底的に細分化し、調査する。これが超一流のトップの条件か。

戦後、米軍に比して、ネガティブにとらえられた我が陸海軍の将星《しょうせい》の「茫洋《ぼうよう》さ」にこんな意味もあったと知った。勉強不足であった。西村君に感謝。

【五五】すぐやる

一《ひとつ》、諸用《しょよう》の義《ぎ》は、少事《しょうじ》*為《た》りと雖《いえど》も、延引《えんいん》せしむべからざる事《こと》

同云《おなじくい》は《(わ)》く、周公《しゅうこう》は吐握《とあく》の労《ろう》を自《みずか》らす。史記《しき》

一、どんな些細《ささい》な時務《じむ》であっても、遅らせるべきではないこと

古人がいっている。「魯《ろ》の周公旦《しゅうこうたん》はどんな時にも、客人を待たせず、人材を得ようと努力した」と。史記《しき》

*正しくは「小事」か。

【解説】

日本電産の創業者永守重信《ながもりしげのぶ》さんの御著書から、「すぐやる、必ずやる、できるまでやる」と学んできた。「すぐやる」、これがどれほど大事な教えであることか。これが若い頃には分からなかった。

三十代の頃、史料調査で熊本県立図書館を何度も訪ねた。当時、不案内な「長州人」の私を不憫《ふびん》に思われたのか、肥後藩の郷土史料の「生き字引」のような女性の上《かん》田《だ》課長さんが、将に手取り足取り状態で教えてくださった。その研究途中、私は思いもよらず今の職に転職することとなり、その後、約二十年近く、雑務に追われる日々を送ってきた。

来年春、私は待望の定年である。すでにあの未完調査の作戦立案は完了した。あそこに松陰と林櫻園《はやしおうえん》・肥後勤王党《ひごきんのうとう》に関する史料が眠り、私を待っている。必ず、研究を進める自信がある。もう少し待ってろよ、史料ちゃん。

「すぐやる」ことだけは天が許してくれなかったが、「必ずやる、できるまでやる」‼永守さんの経営哲学、これは何も政財界だけの教えではない。

【五六】人間観

一《ひとつ》、凡卑《ぼんぴ》の詞《ことば》為《た》りと雖《いえど》も、善《ぜん》を以《もっ》て之《こ》れを用《もち(う)》ふべき事《こと》

同《おなじく》云《い(わ)》はく、好《この》んで邇言《じげん》を察《さっ》す。又《また》云《い(わ)》はく、芻蕘《すうじょう》に詢《はか》る。

一、平凡で浅薄《せんぱく》な言葉であっても、善良な心をもってこれを採用すべきこと

古人がいっている。「(舜帝《しゅんてい》は)世間の人が使う身近な言葉をよく考え味わうことに努めた」と。また、いう。「草刈り、木こりのような身分の低い者にも、広く意見を聞いて参考にする」と。

【解説】

素行が問うのは、人間観であろう。人間とは実に弱い者で、学歴・肩書・地位のみならず、外見などでついその人を判断し、時に大失敗をする。

私は一度だけその逆の立場になったことがある。これも人間というものを学ぶ好機であり、実におもしろかった。

以前、我が国を代表する会社から、何を勘違いされたのか、私如きに講演依頼が来た。場所も皇居に近い超一流。びびったものである。嗚乎、田舎者。当日、丸の内北口から、「本当に、俺でいいのかなあ」と思いつつ、量販店の安物スーツに身を包み、アメ横で値切って買った千円のリュックを背負って、トボトボと歩いた。ところが、会場の入り方が分からない。途端に響く笛の音と「そこのあなた、うちに何か御用ですか」との守衛さんのお声。待機されていた講演先の方に救われた。守衛さん、「何故最初に俺の目を見なかった‼」。しかし、あの日が、生涯一度の「黄金の日」だったか。

授業のない日の私などほぼ「浮浪者」である。研究には何の影響もない。

【五七】汝《なんじ》自身を知れ!!

一《ひとつ》、己《おの》れの才能《さいのう》を以《もっ》て、人《ひと》の無才《むさい》を侮《あなど》るべからざる事《こと》

同《おなじく》云《い》はく(わ)、有《あ》れども無《な》きが若《ごと》く、実《み》つれども虚《むなし》きが若《ごと》くす。

論《ろん》

一、自分の才能を誇り、他者のことを才能がないと侮《あなど》るべきでないこと

古人がいっている。「(心ある人は)道理を覚《さと》っていても、何も知らない者のように思い、徳が充実していても空虚《くうきょ》であるように思う」と。論語《ろんご》

【解説】

小学校時代から私は「無才」で、「侮」りを受ける方だった。初めて勉強をおもしろいと感じたのは、大学三年生の時だった。吉田松陰との邂逅《かいこう》である。松陰の文章を読んでいると、時間を忘れた。敢えて無礼な表現をすれば、松陰の文章に波長が合うものを感じた。これは今も続いている。

学生時代からずっと不思議だったのは、恩師井上久雄《いのうえひさお》先生である。御指導をいただく際、私が時に質問をすると、先生は「僕はよう知らん」と。若い頃は、「おちょくっていらっしゃるのか」と、悲しかった。やがて、それは御自分の足と目で直接確認されたこと以外に対しては全てそう口にされていたと知り、驚愕《きょうがく》した。「知らんことは恥ずかしいことではない。調べればいいだけだ。知らないのに知ってる顔をする方がよほど恥ずかしい」との教えは今も胸にある。

研究は進めるにつれ、何が分からないかが分かり、課題は次々と拡がる。六十四歳を過ぎてもこのザマかと、日々、己の愚かさを思い知らされる。これが私の「勉強」である。素行の教えが少し分かる歳となった。先生に感謝‼

【五八】先例か革新か

一《ひとつ》、先例為《せんれいた》りと雖《いえど》も、当時《とうじ》に於《お》いては、善悪《ぜんあく》を弁《べん》ずべき事《こと》

同《おなじく》云《い》はく（わ）、君子《くんし》は、国《くに》の為《ため》に、之《こ》れを上古《じょうこ》に観《み》て、之《こ》れを当世《とうせい》に験《こころ》む。又《また》云《い》はく（わ）、古《ふる》きを温《たず》ねて新《あたら》しきを知《し》る。

一、先例であるとはいっても、現時点において、善いか悪いかを考えるべきこと

古人がいっている。「心ある立派な人は、国家のために、事例を遠い昔に探し、これを現在に当てはめて考える」と。また、いう。「昔のことを調べて、そこから新しい知識・見解を得る」と。

【解説】

素行の教えは、「先例」に従うか、「革新」かということか。これは今もあらゆる組織において、議論の対象であろう。論外はひたすら「先例」墨守《ぼくしゅ》の学校だけか。

千利休《せんのりきゅう》の『木村常陸介宛《きむらひたちのすけあて》の伝書《でんしょ》』には、「時宜《じぎ》とは時《とき》によろしと書《か》き候《そうろう》。その時《とき》のよき様子《ようす》を、茶湯《ちゃのゆ》にて候《そうろう》（時宜とは時によろしいと書きます。その時、その時の最上を尽くすのが茶の湯の道であります）」とある。また、松陰は、「必《かなら》ずや時勢《じせい》を観《み》て（必ず現在の状況を観察して）」と述べている。ただし、当事者が「刻意励精《こくいれいせい》し確守強為《かくしゅきょうい》する所《ところ》なくんば（心を深く励まし、努力し、守るべきものは守り、為《な》すべきことは強《し》いて断行するのでなければ）」、「先例」「革新」共に意味はないと、釘を刺していることは傾聴《けいちょう》に値する。

やはり大切なのは、当事者のありようということか。これは何も事業だけではなかろう。組織で、実績のあるベテラン、やる気に満ちたルーキーのどっちを是とするかという人事の問題でもある。共に目的は「国」、「組織」のためである。

【五九】権威とは

一《ひとつ》、閣家老《かくかろう》・当時《とうじ》の近習輩《きんじゅばら》、権威《けんい》を挟《はさ》むべからざる事《こと》

同《おなじく》云《い》は《(わ)》く、将《まさ》に卑《いやしき》をして尊《とうとき》に踰《こ》え、疎《うとき》をして戚《したしき》に踰《こ》えしめんとす、慎《つつし》まざるべけんや。孟《もう》 又云《またい》は《(わ)》く、人《ひと》の善悪《ぜんあく》は、誠《まこと》に近習《きんじゅ》に由《よ》る。近習《きんじゅ》の間《かん》尤《もっと》も深《ふか》く慎《つつし》むべし。

一、閣老や家老など現在主君のお側《そば》に仕えている者は、権威を鼻にかけるべきでないこと

古人がいっている。「身分の卑しい者を尊い者の上とし、血縁でもない者を親戚の上に抜擢《ばってき》しようとすることは、慎まなければならない」と。孟子《もうし》 また、いう。「人物の善《よ》し悪《あ》しは、その側に仕えている者による。主君の側に仕える者は努めて己を慎むべき

である」と。

【解説】

「近習《きんじゅ》」（＝内臣《ないしん》）に対し外臣《がいしん》という。外臣とは内臣以外の藩士を指す。これに関して、嘉永《かえい》六（一八五三）年六月のペリー艦隊来航直後、松陰が提出した上書《じょうしょ》の中に、「内《ない》臣《しん》を飭《いま》しめ、外臣《がいしん》を親《した》しむ（内臣を戒め、外臣と接せよ）」との一文がある。曰く、「内《ない》臣《しん》・外臣《がいしん》固《もと》より一体《いったい》なれば分《わか》つべき理《ことわり》なし。然《しか》るに太平《たいへい》の弊《へい》、内臣《ないしん》は日《ひ》に益〻《ますます》柔媚《じゅうび》を以《もっ》て君前《くんぜん》に進《すす》み、寵遇《ちょうぐう》を受《う》け、外臣《がいしん》は日《ひ》に疎《うと》くして、遂《つい》に内外相分《ないがいあいわか》れ、外臣《がいしん》は内《ない》臣《しん》に交《まじ（わ）》はるを恥《は（じ）》ぢ、内臣《ないしん》は外臣《がいしん》に交《まじ（わ）》はるを賤《いや》しむに至《いた》る、実《じっ》に国家《こっか》の一大患《いちたいかん》なり（内臣・外臣は元々一体であり、分けるべき理由はない。それなのに、平和の続く弊害で、内臣は日々益々もの柔らかな物腰《ものごし》で主君に媚《こ》びへつらい、手厚いもてなしを受ける。一方、外臣は日々主君と疎遠《そえん》になり、遂に内臣・外臣は分離し、外臣は内臣と交際することさえ恥とし、内臣は外臣を見下すようになっている。これは実に国家の非常事態である）」と。

松陰の意見は現在のあらゆる組織にも当てはまるものであろう。今、この状況にあるトップは将に「裸の王様」、いずれ「亡国」となる。すぐに身辺点検を‼

【六〇】天を相手に生きる

一《ひとつ》、吉凶用義《きっきょうようぎ》は、其《そ》の品《しな》に依《よ》るべき事《こと》

諸葛云《しょかつい（わ）》はく、事《こと》を謀《はか》るは人《ひと》に在《あ》り、事《こと》を成《な》すは天《てん》に在《あ》り。

一、縁起の善し悪しやそれをどうするのかの判断は、その状況によること

諸葛孔明《しょかつこうめい》がいっている。「作戦等を考え実行するのは、人間のすることである。しかし、その結果は天が決めることである」と。

【解説】

判断するのはトップである。占《うらな》いなどで決めるものではない。

その意味で、素行の引く後段、この諸葛孔明の教えが実にいい。松陰にも、「断《だん》じて之《こ》れを行《おこな(え)》へば、鬼神《きじん》も之《こ》れを避《さ》く。大事《だいじ》を断《だん》ぜんと欲《ほっ》せば、先《ま(ず)》づ成敗《せいはい》を忘《わす》れよ（決心して断行すれば、何ものもそれを妨《さまた》げることはできない。大事なことを思い切って行おうとすれば、まずできるかできないかということを忘れなさい）」との名辞《めいじ》がある。問題は人である。どこまでも人である。

ところが、現在、結果のみに汲々《きゅうきゅう》とするトップの増殖が何と目に付くことか。所謂《いわゆる》、尻《けつ》に穴のあいていない人たちである。命令は「やれ右、やれ左だ」と目先の細事で常に変わる。その結果、組織は戦闘開始前にすでにフラフラ状態。

所詮《しょせん》、「事《こと》を謀《はか》るは人《ひと》」である。校長として、「あなたの思う存分にやれ。責任は全て私が取るから」といわれた方を一人だけ知っている。山口県立下関西高校を最後に勇退された、恩師上田孝治《うえだこうじ》先生である。東京帝国大学で平泉澄《ひらいずみきよし》教授の御薫陶《ごくんとう》を受けられた方である。あの頃のトップには品格も度胸もあった。

【六二】噂を信じちゃいけないよ!!

一《ひとつ》、怪異不思議《かいいふしぎ》の風聞《ふうぶん》は、一切沙汰致《いっさいさたいた》すべからざる事《こと》

古語《こご》に云《い(わ)》はく、其《そ》れ将《しょう》は、上天《うえてん》に制《せい》せられず、下地《したち》に制《せい》せられず、中人《なかひと》に制《せい》せられず。

一、あり得ないことや不思議な世間の噂は、一切取り立てて問題とすべきではないこと

古人がいっている。「大将たる者は、上の天におさえられず、下の地におさえられず、また、中の人にもおさえられない」と。

【解説】

私の学生時代には、俗謡《ぞくよう》にさえ「噂を信じちゃいけないよ」とあった。今となればこの一節、仲々含蓄《がんちく》もある。

トップたる者の資質の一つは日光の「三猿《さんえん》」か。噂の類など「見ざる聞かざる言わざる」であろう。

素行の引く後段は、トップへの教えである。常日頃から天神《てんじん》、地神《ちじん》、今でいえば、村上和雄《むらかみかずお》筑波大学名誉教授のいわれる「サムシング・グレート」への崇敬《すうけい》の念を忘れない。これが前提であろう。問題は「人《ひと》に制《せい》せられず」である。ところが、あろうことか、これがきちんとできているトップは決して多くない。素行の時代なら「軍師」、今なら「〇〇コンサルタント」の類《たぐい》に「制」せられるトップである。中には「丸投げ」も。しかし、彼らは所詮《しょせん》「手伝い役」でしかない。いざとなっても責任は取らず、痛痒《つうよう》を感じることもない。私の経験では、経営状況の悪化するところに、彼らはハイエナの如く集《つど》う。気付けば、相当な地位をせしめる輩《やから》も。これで組織は終わり。そういえば、お隣の国もそうか。嗚乎。

【六二】心

一《ひとつ》、人《ひと》の胸中《きょうちゅう》を知《し》らずして、漫《みだ》りに心底《しんてい》を発《あば》くべからざる事《こと》

同《おなじく》云《い(わ)》はく、人心《じんしん》は測《はか》り難《がた》し。

一、他者の胸の内を知らないで、むやみにその心根《こころね》を、あれこれと推測して決めつけるべきでないこと

古人がいっている。「人の心は全く推測できない」と。

【解説】

「心こそ心迷わす心なれ心に心心ゆるすな（自分自身の心こそが、心を迷わす原因である。自分自身の心にこそ、心を許すな）」という。鎌倉五代執権北條時頼《ほうじょうときより》の歌と聞く。

素行の教えるのは、将にこのことか。人間は実に不思議である。トップとはいえども人。それが他者の心を推し量るどころではない、ということか。

一方、今問題なのは、部下の「心底」への配慮が足りなさすぎるトップの増加ではないか。部下にきつい仕事を依頼する時は調子もいい。しかし、一旦、ミッションなどが無事終了するや、手のひらを返したような態度をとる。現在、我が国の「社員」は、昔に比してロイヤリティが低いといわれる。その一因は、こんな心ない、ビジネスライク一辺倒《いっぺんとう》なトップの増加ではないか。

私でも金・地位などで動いたことはない。トップ・上司の心意気である。そのまごころ、意気に感じるからこそ、突撃も敢えて辞さず敢行《かんこう》できたのである。あれ？俺、金・地位の提示を受けたことなどあったっけ。嗚乎勘違い。まあええか。

【六三】凡事徹底《ぼんじてってい》

一《ひと》つ、忠功《ちゅうこう》に励《はげ》んで、而《しこう》して専《もっぱ》ら世智弁聡《せちべんそう》を好《この》み、諸事《しょじ》に就《つ》き、一旦《いったん》の利潤《りじゅん》を楽《たの》しむ事《こと》

同云《おなじくい》はく、志《こころざし》は満《み》たすべからず、楽《たのしみ》は極《きわ》むべからず。

一、忠勲《ちゅうくん》に励み、専ら世の中のことを詳しく知ることを好み、あらゆることに関して、折々の喜びを楽しむこと

古人がいっている。「志は全て満足させるな、楽しみは極めるな」と。

【解説】

「忠功《ちゅうこう》に励《はげ》」む、つまり、日々当たり前に為《な》すべきこと。今の私にとって、それは研究と教育である。

　最近、考え違いをしている輩《やから》が目に付く。素行の教えの前提は、あくまでも「忠《ちゅう》功《こう》に励《はげ》んで」である。それがあって初めて「世智弁聡《せちべんそう》」を「好」むものであり、結果として「一旦《いったん》の利潤《りじゅん》」の「楽《たの》し」みがある。決してこちらがメインではない。

　トップの方でこれらを優先し、今日はこっち、明日はあっちと夜な夜な飛び回り、会社を潰された方も。もっと早く、素行に学ぶべきだった。しかし、だからこそ、素行は後段の名辞《めいじ》を準備したのであろう。その「志」はともかく、「楽」、これは時にあるからいい。日夜、それを「極」めるような輩に明るい未来はない。

　「凡事徹底」と聞けば、ほとんどの人が、「何だ、簡単だ」などと考える。ところが、これができる人は超一流である。これが人間というものか。

【六四】 自省《じせい》

一《ひとつ》、或《あるい》は我意《がい》を立《た》て、或《あるい》は専《もっぱ》ら軽薄《けいはく》・大過《たいか》・不四《ふし》勿《ぶつ》の行《おこない》之《こ》れある歟《か》、常々省察《つねづねせいさつ》を加《くわ(う)》ふべき事《こと》

古語《こご》に云《い(わ)》はく、中《ちゅう》は偏《へん》せず倚《よ》らず、過不及《かふきゅう》なし。

一、例えば、自分の考えを押し通そうとしたり、例えば、全く軽薄であるとか・大失敗・礼に外れた色を見る、言葉を聞く、口にする、行動をするというようなことがないか、常々、自分自身を省みるべきこと

古人がいっている。「中庸《ちゅうよう》の道は偏《かたよ》らず一箇所に集まらず、適度である」と。

【解説】

私如きが口にするのもおこがましいが、殊《こと》、自省、反省に関しては、我が海軍兵学校で活用されていたという「五省《ごせい》」以上のものを知らない。曰く。

一、至誠《しせい》に悖《もと》るなかりしか（誠実さや真心、人の道に背《そむ》くところはなかったか）

一、言行《げんこう》に恥《は（ず）》づるなかりしか（発言や行動に、過ちや反省するところはなかったか）

一、気力《きりょく》に缺《か》くるなかりしか（物事を成し遂げようとする精神力は、十分であったか）

一、努力《どりょく》に憾《うら》みなかりしか（目的を達成するために、惜しみなく努力したか）

一、不精《ぶしょう》に亘《わた》るなかりしか（怠けたり、面倒くさがったりしたことはなかったか）

自省は修正につなげてのみ意味をなす。「反省だけなら、猿でもできる！」か。

【六五】武士の情け

一《ひとつ》、寛仁《かんじん》の心《こころ》、常々《つねづね》工夫《くふう》致《いた》すべき事《こと》

同云《おなじくい》はく《(わ)》、寛《かん》なれば衆《しゅう》を得《う》。

一、広く情け深い心がけを、常々工夫すべきこと

古人がいっている。「心が広く、ゆったりとしていれば、民心を得る」と。

【解説】

山口県で生まれ育った私にとって、「武士の情け」なる言葉にすぐ浮かぶのは、日露戦時、水師営《すいしえい》の会見後に、乃木希典《のぎまれすけ》大将が一枚だけ撮影を許されたという、両軍首脳の集合写真である。乃木さんの意志で、ロシア側も、ステッセル中将以下皆帯剣《たいけん》している。この乃木さんに憧れた。

一方、敗戦に終わった先の大東亜戦時にも似たような佳話《かわ》がある。駆逐艦雷《いかづち》艦長工藤《くどう》俊作《しゅんさく》少佐である。工藤さんは、昭和十七年三月、スラバヤ沖を漂流中の英国軍人四百余名を、敵潜水艦の脅《きょう》威《い》の中、わざわざ自艦を止めてまで救助し、翌日、オランダ軍病院船へ引き渡された方である。しかし、これを生涯口にされず、昭和五十四年に帰《き》幽《ゆう》された。これが世に知られたのは、平成十五年、その時、救助された元英国海軍士官S・フォール卿が謝礼のために来日された時であった。同氏が語られた、救助後の英国士官への工藤艦長の挨拶に曰く、「You had fought bravely.Now,you are the guests of the Imperial Japanese Navy」と。これを「武士の情け」という。誇りと共に是非取り戻さねばならない精神の一つである。

【六六】敬《うやま》い・卑下《ひげ》のありよう

一《ひとつ》、敬謙《けいけん》の義《ぎ》は、其《そ》の節《せつ》に応《おう》じ、相勤《あいつと》むべき事《こと》

同云《おなじくいい》はく《(わ)》、礼《れい》は天理《てんり》の節文《せつぶん》、人事《じんじ》の義則《ぎそく》*一なり。近思録《きんしろく》*二

一、他者を敬い、己を卑下《ひげ》することは、折々の状況に応じて行うべきこと

古人がいっている。「礼は人間の天理、先天的な道徳性を表したものであり、人間が守るべき規則である」と。近思録《きんしろく》

＊一　正しくは「儀則《ぎそく》」か。

＊二　正しくは『論語集註《ろんごしっちゅう》』か。

【解説】

素行は、この教えの前提として、常勝武士を想定している。「武士道訓」であれば当然か。素行が『武教全書』「守城」に、「まけばかならず切腹《せっぷく》とおもひ定《(い)さだ》むべし（負ければ必ず切腹すると、心を決めよ）」と述べていることを考えれば、「負け戦」＝戦死・切腹と考えていたことは間違いない。私はこの一文に、武士道の大成者素行の厳しい一面を見る思いがする。

素行の教えるのは、戦《いくさ》における礼の遵守《じゅんしゅ》である。俗にいえば、「敗敵をいたわり、己を驕《おご》らず」か。しかし、これは決して簡単なことではなかろう。野球やサッカーの試合ではない。戦とは命の取り合いである。人間の本性が端的に表れる場である。素行は、そんな場においても、武士たる者は礼儀を守れと教えているのである。

大東亜戦争敗戦後、我が国ではこんな崇高《すうこう》な教えも、全て「軍国主義的」という一語の下に否定されてきた。「勝敗は時の運。負けて卑屈《ひくつ》たるな」という素行の声が聞こえてきそうである。武士道とは、何と凄《すさ》まじい道徳律ではある。

【六七】本質

一《ひとつ》、其《そ》の末《すえ》を顧《おも》はずして《(わ)》、其《そ》の本《もと》を察《さっ》すべき事《こと》

同《おなじく》云《い》はく《(わ)》、本《もと》立《た》ちて道《みち》成《な》る。

一、その末端を考えずに、その根本を考えるべきこと

古人がいっている。「根本が確立すれば、道はなる」と。

【解説】

何が枝葉で、何が本質か。これはあらゆる場で大切な問題であろう。その中でも最も重要な問題は、人の本質を見抜くということであろうか。これについては、私は今も天に感謝している。それは、子供の時分から、生来バカな私を憐れんでか、天が私に、会い難い恩師先生との邂逅《かいこう》をプレゼントしてくれたことである。中学校では、お寺さんでもあり、親鸞《しんらん》の深淵《しんえん》な世界を教えてくださった西本正海《にしもとせいかい》先生、高校では、陸士六十期で、ホンモノの男の世界を教えてくださった友村通孝《ともむらみちたか》先生、大学時代は、松陰先生と人生を教えてくださった上田孝治《うえだこうじ》先生、そして、研究・学問のみならず人生までも教えてくださった井上久雄《いのうえひさお》先生である。この四先生との邂逅がなければ、今の私はない。最も学んだのは、四先生の人間性である。とりわけ、上田、井上先生は超一流の人物であった。今以て、両先生以上の人物に会ったことがない。

質屋《しちや》の丁稚《でっち》には、最初にホンモノを扱わせる。先にホンモノを知れば、ニセモノはすぐ分かるようになると聞く。天の配慮に感謝している。

【六八】先憂後楽《せんゆうこうらく》

一《ひとつ》、一人《ひとり》の楽《たのしみ》を以《もっ》て、諸人《しょじん》の苦《く》と為《な》るべき事《こと》は、遠慮《えんりょ》有《あ》るべき事《こと》

同《おなじく》云《い（わ）》はく、楽《たのしみ》極《きわ》まれば哀《かなしみ》生《しょう》ず。

一、自分一人の楽しみが人々の苦しみとなるようなことは控えるべきこと

古人がいっている。「楽しみの果てには、必ず悲しみがある」と。

【解説】

「先憂後楽（常に民に先立って国家のことを心配し、民が楽しんだ後に自分が楽しむこと）」、北宋《ほくそう》の忠臣《ちゅうしん》范仲淹《はんちゅうえん》の名辞《めいじ》である。あらゆる組織のトップたる者の「阿留辺幾夜宇《あるべきよう》和《わ》」（明恵《みょうえ》上人《しょうにん》）はこれか。

しかし、素行が敢えてこう教えたということは、江戸前期の我が国にも、現在同様、「私ファースト」なるトップがいたということか。いやはや、人間というものはいつの時代も「俺が、オレガ」。その主因は、金銭欲・名誉欲・顕示欲などの「私欲」だろう。それが永遠に続けばいいが、天はそれほど甘くはない。俗に、「禍福《かふく》は糾《あざな》える縄《なわ》の如《ごと》し（幸福と災いは表裏一体で、かわるがわる来る）」という。ましてや、己一人の欲望を満たすことに日夜ひたすら奔走するようなトップが永遠だった事例は、青史《せいし》にもない。

隣国のあの坊や、まるで博物館のようなあの国家。大丈夫かいな。至急、この素行の教えにお学びになることをお勧めしたい。

日本国に生まれた幸せをしみじみと感じる。日本国に感謝。

【六九】分《ぶん》を守る

一《ひとつ》、分限《ぶんげん》を察《さっ》し運命《うんめい》を知《し》りて、而《しこう》して過分《かぶん》の望《のぞみ》を加《くわ》ふ《(う)》べからざる事《こと》

同《おなじく》云《い》は《(わ)》く、死生命《しせいめい》あり、富貴《ふうき》は天《てん》に在《あ》り。

一、身の程を弁《わきま》えて運命を自覚し、身分不相応なことを望むべきではないこと

古人がいっている。「人の生死は天命による。人の富貴、つまり、財力、位は天が与えるものである」と。

【解説】

我々が最も守るべき分とは「命《めい》」か。いや、私という存在そのものか。ところが、我々は「生まれ」、「生きている」と思っている。そうではない。何かの意志により、この世に「産《う》み出《いだ》され」、「生かされている」のである。村上和雄《むらかみかずお》先生は「サムシング・グレート」といわれる。

誰しもこの日、この時間に、この母のもとに生まれたいと願って誕生しなかったように、自分の死のそれをも決めることなどできない。「生かされている」所以《ゆえん》である。私など、今以て「富貴《ふうき》は天《てん》に在《あ》り」に救われる。これまでずっと、一日ワンコイン、五百円の小遣い。私が「申請」を忘れれば、先延ばし。嗚乎。

「俺のような者でもこの世に産み出されたのである。ならば、金欠病《きんけつびょう》での突然死はあるまい」などと悠長《ゆうちょう》に構え、この歳まで経済観念ゼロで「生かされて」きた。関心のベクトルは松陰研究のみ。街の女性ウオッチングもか。これは反省。

財布が軽いと、身も心も軽い。この気軽さが私には何とも心地よい。

【七〇】大丈夫《だいじょうふ》たれ

一《ひとつ》、諸事《しょじ》に就《つ》き、大丈夫《だいじょうふ》の志《こころざし》失《うしな(う)》ふべからざる事《こと》

富貴《ふうき》も淫《いん》すること能《あた(わ)》はず、貧賤《ひんせん》も移《うつ》すこと能《あた(わ)》はず、威武《いぶ》も屈《くっ》すること能《あた(わ)》はず、此《こ》れを之《こ》れ大丈夫《だいじょうふ》と謂《い(う)》ふ。孟子《もうし》

一、あらゆることに際し、大丈夫の志を失うべきでないこと

どんな富貴（で誘惑して）もその心をとろかし乱すことはできない。どんな貧賤（で責め苦しめて）もその操《みさお》を変えることはできない。どんな威光と武力（で圧迫して）もその志を枉《ま》げることはできない。こういう人こそ、本当の大丈夫というのである。孟子《もうし》

【解説】

孟子の説く「大丈夫」たらんと、これまで六十余年の人生を疾走してきた。しかし、これが今以て全くできない。すぐに、「私」が、「やはりもって生まれたＤＮＡに問題がある」などと言い訳をするが、この歳ともなれば、全て私の責任である。しかし、今も「分かっちゃいるけどやめられない」状態とは。反省。

現在という時代、「大丈夫」たらんとする者の最大の敵である己の「欲望」、それを刺激する情報は、パソコンなる文明の利器《りき》を通し、「Every time, Every where」の状態で我々を襲う。将に、「欲望漬けの時代」というべきか。しかし、そんな時代でも、「大丈夫」は現に存在している。

「大丈夫」たらんとする志だけは、蓋棺《がいかん》のその瞬間まで、決してあきらめない。現世《げんせ》でできなければ、来世《らいせ》も来来世《らいらいせ》までも、「大丈夫」たるまで断行する。努力、それも誰にも負けない努力をする。こんな「私」に負けてたまるか。

素行が終章を「大丈夫」たれと締めていること、感嘆《かんたん》の他ない。大東亜戦争後、「消された思想家」の一人である山鹿素行先生に、命ある限り学び続けたい。

跋《ばつ》

式目家訓《しきもくかくん》は、筆端《ひったん》の及《およ》ぶ所《ところ》に任《まか》せて示諭《しゆ》す。唯《た》だ家業《かぎょう》の本末《ほんまつ》を知《し》り、日用《にちよう》の急務《きゅうむ》を励《はげ》ましめんが為《ため》なり。若《も》し一言《いちげん》以《もっ》て之《こ》れを定《さだ》めば、修身《しゅうしん》を以《もっ》て本《もと》と為《な》すのみ。故《ゆえ》に跋《ばっ》す。

右東常季《みぎとうのつねすえ》東常縁流遠藤備前守の所望《しょもう》に依《よ》り筆《ふで》を染《そ》む。時《とき》に慶安《けいあん》辛卯林鐘中旬《しんぼうりんしょうちゅうじゅん》。

【訳】

跋（原漢文）

「式目家訓」は、筆の運びに任せて示し諭すものである。ただ、武士としての家業の根本と枝葉を理解し、日頃の職務に奮励《ふんれい》させたいためである。もしも一言でこれをいえば、修身《しゅうしん》を根本とするのみである。これを以てあとがきとする。

以上は、東常季《とうのつねすえ》東常縁の末流、遠藤備前守の願いにより、記したものである。慶安《けいあん》四（一六五一）年六月中旬《ちゅうじゅん》

あとがき

江戸前期に著された我が国初の「武士道訓」といわれる「式目家訓」、いかがだったであろうか。ほとんどの方が、素行の説く「武士道」なる教えの内容に、意外の感を懐《いだ》かれたのではなかろうか。「武士道」が所謂《いわゆる》「軍国主義」なる思想とは無関係であること、また、その教えの「新しさ」、言い換えれば、現代の我々にとっても指標となる教えであるということが御理解いただけたことと思う。

「式目家訓」において、素行はあたかも小学校の先生のごとく、世のリーダーであった武士に対して「大丈夫《だいじょうふ》」たれと、心ある「侍」の生き方を微に入り細に入り、噛《か》んで含めるように説いている。本書が、現在及びこれからを生きる人々の心に「我れ、日本《ひのもと》の侍たらん」との思いを喚起するとすれば、これに勝る喜びはない。

最後に、私のような者の思いを「了《りょう》」とし、刊行を認めてくださった致知出版社の藤尾秀昭社長、柳澤まり子副社長、また、作業中、御指導・御協力をいただいた方々に、心から御礼申し上げる。

その中でも、とりわけ、山口県立山口高等学校時代の教え子で、大学、大学院のゼミの自慢の後輩でもある烏田直哉君（現東海学園大学准教授）には御礼の言葉もない。職務多忙な中、将に昼夜を問わず「伴走」してくれた。研究者としての彼の成長に感動したし、教職の末席を汚す者の喜びも改めて教えてもらった。

この度の執筆、私の研究にも大変勉強になった。本書を、今も私如き者をお気遣いいただき、折々夢で御指導くださる恩師上田孝治先生、井上久雄先生の墓前に捧げたい。

平成二十九年二月十四日

人間環境大学　川口雅昭

主要参考文献

廣瀬豊『山鹿素行全集』岩波書店、昭和十七年
国民精神文化研究所『山鹿素行集』目黒書店、昭和十八年
廣瀬豊『山鹿素行兵学全集四巻　武教全書講義上』教材社、昭和十九年
宇野精一『新釈孟子全講』学燈社、昭和三十六年
山口県教育会編『吉田松陰全集』大和書房、昭和四十七年
近世文学書誌研究会編「明心宝鑑」〔『近世文学資料類従　仮名草子編（12）』〕勉誠社、昭和四十七年
近藤啓吾『講孟劄記（上）講談社学術文庫４４２』講談社、昭和五十四年
近藤啓吾『講孟劄記（下）講談社学術文庫４４３』講談社、昭和五十五年
宇野哲人『論語新釈　講談社学術文庫４５１』講談社、昭和六十一年
井上久雄著・川口雅昭編訳『大教育者のことば』致知出版社、平成十九年
惠隆之介『海の武士道』産経新聞出版、二〇〇八年
川口雅昭訳注『吉田松陰　武教全書講録』K&Kプレス、平成二十六年
川口雅昭『吉田松陰の女子訓』致知出版社、平成二十七年

〈著者略歴〉

川口雅昭（かわぐち・まさあき）

昭和28年山口県生まれ。53年広島大学大学院教育学研究科博士課程前期修了。山口県立高校教諭、山口県史編さん室専門研究員などを経て、平成10年岡崎学園国際短期大学教授。12年より人間環境大学教授、現在に至る。吉田松陰研究は18歳の頃より携わる。編書に『吉田松陰一日一言』『「孟子」一日一言』、著書に『吉田松陰四字熟語遺訓』『吉田松陰名語録 人間を磨く百三十の名言』『吉田松陰』『吉田松陰に学ぶ男の磨き方』『吉田松陰の女子訓』『活学新書　吉田松陰修養訓』（いずれも致知出版社）などがある。

006 活学新書 山鹿素行修養訓

平成二十九年三月二十四日第一刷発行

著者　川口　雅昭
発行者　藤尾　秀昭
発行所　致知出版社
〒150-0001 東京都渋谷区神宮前四の二十四の九
TEL（〇三）三七九六―二一一一
印刷・製本　中央精版印刷
落丁・乱丁はお取替え致します。　（検印廃止）

ISBN978-4-8009-1143-8 C0095
ホームページ　http://www.chichi.co.jp
Eメール　books@chichi.co.jp
JASRAC　出　1702801-701